判例から読み解く
よくわかる相続税法

三 木 義 一　　監 修
鹿 田 良 美　　著

有斐閣選書

監修者　はしがき

　相続税の世界は相続法と税法が正面からぶつかり合う世界であり，しかも，利害関係者が多種多様で単線的に理解出来るものではない。このような世界をよく分かるように解説するのは至難の業だ。

　しかし，鹿田さんならできるかもしれないと思った。というのは，法学部を出て，当時は女性差別が激しかった官の世界に合格し，課税する側からの諸問題をいろいろ体験し，民に変わってからは税理士として多くの相続税事案を無難に処理してきたからである。そういう経験を生かして，本書は具体的事案の解説を通じて，相続税法の基本的仕組みを理解させるものになっている。

　もっとも，このような解説を面白く理解出来るようになるためには，ある程度の基礎知識が必要かもしれない。本書は大学院生用の講義を意識して書かれているが，学部でも相続税をゼミとして勉強する場合や，税理士が相続税の相談を受けたとき等には非常に役立つと思われる。

　本書を通じて，多くの方が，相続税のトラブルを無難に避けられるようになることを願っている。

　2022年6月20日

三木　義一

は じ め に

　大学院法学研究科で相続税法の講座を担当するようになって，7年目となりました。前任の先生から引き継ぐことが決まったときは，大丈夫かなぁ？　と，かなり心配でした。初年度初回の講義日は，心配というよりも不安でもありました。けれども，4人の院生に助けていただき，ゼミ形式の双方向型の授業は楽しく，個人的には有意義なものでした。

　受講生が4人ですと，1人3回ずつ，報告を担当していただけるのですが，次の年度は，受講生が2人になってしまいました。2人の院生に交代で報告を担当していただくのは，あまりにも負担が大きく，講義方式の授業を挿入せざるを得ません。その都度，レジュメを用意するのも（ちょっと大変），教科書的なものがあれば（便利かも），と思ったのが，この本を書くきっかけでした。

　とはいうものの，思い立ってから，随分と時間が経ってしまい，グズグズしている間に二つの大きな事件（？）が発生しました。一つは，相続法（民法）が大きく改正されたことです（「民法及び家事事件手続法の一部を改正する法律」（平成30年法律第72号））。しかも，改正後の相続法が平成31年1月13日以後，順次施行され，この本が発刊される頃には，最も遅い施行日が定められていた自筆証書遺言の保管制度も施行されてからまもなく2年になります。相続法の改正に伴って，相続税法も改正されました。ということは，この本で採りあげているテーマの中には，すぐにも役に立たなくなること必至なものがある，ということです（笑）。

　もう一つの事件は，新型コロナウイルスによる感染症が発生し，

社会全体そして大学にも大きな影響があったことです。2020年度の春セメスターは，当初全面休講となり，その後，オンラインによる遠隔授業が始まりました。秋セメスターは，対面方式による授業が可能となりましたが，あと1回というところで2度目の緊急事態宣言が発令されました。ワクチンが開発され，対策手段も充実してきましたが，新型コロナウイルスについては，まだまだ予断を許さない状況です。ということは，オンラインによる遠隔授業になることも踏まえつつ，授業準備をしていく必要があります。そのような中で，そうでなくても売れない紙ベースの教材を作成することに意味があるのか，と悩みました。

　しかしながら，次の理由から，敢えて執筆を続け，出版を決意しました。一つめの理由は，この本で採りあげるテーマの全部が全部，すぐに役立たずになる，というわけではない，ということです。改正後の相続法による争いが出てくるのは，まだ先のことでしょうし，争いが起きても，判決などの形で私たちが目にできるようになるのは，もっと先になるでしょう。相続税法の判決となると，いつ出てくるのかわかりません。二つめの理由は，紙ベースであっても，まずは読んでもらえる工夫をすべきである，ということです。オンラインによる遠隔授業に備えるのであれば，それはそれに適した教材を別に作成すべきだと考えました。

　この本は，具体的な判決を学習しながら，相続税を理解することを目的としています。念のために申し添えますが，この本を読めば，相続税の申告書が書ける，というものでは決してありません。ガイダンスのところを除けば，計算式も出てきませんし，財産評価についても，細かい点について触れないようにしています。ときには，相続税が関係しない純然たる相続法の判決も採りあげ

ています。相続法の考え方や論点を学習することを通して，相続法が相続税法に及ぼす影響や，相続税法における相続法の修正点を理解するためです。

　講の順番は，一応，相続税の全体構造（ガイダンスを参照してください）を踏まえています。各講に「学習のポイント」を掲げて道案内をするようにしました。判決の整理の後に「この判決をどう読むか」という項目を設けました。私の個人的な意見が色濃く出すぎた面が少なくありませんが，院生の意見を紹介した講もあります。読者のみなさんには，この項目に書かれた内容をたたき台として，私の意見に反論していただくなり，判決の他の部分に着目して自論を展開していただくなりして，相続税の理解を深めていただきたいと思います。

　時を経ても変わらない"ものの考え方"（相続法の考え方，相続税法の考え方）が，みなさんとともに私にも，みえてくればいいなぁと思っております。

　この本が，みなさんの相続法や相続税法の理解の一助となれば幸いです。

　2022年6月

　　　　　　　　　　　　　　　　鹿田　良美

目　　次

【雑談タイム】

凡　　例

《法令等》

民　　　　民　法

旧民〈平29法44前〉　平成29年法律第44号改正前の民法

旧民〈平30法72前〉　平成30年法律第72号改正前の民法

所法　　所得税法

相法　　相続税法

通則法　国税通則法

《通達》

相基通　相続税法基本通達

《判決等について》

・　判決等は，基本的に，LEX／DBを使用していますが，D1-Law（第一法規情報総合データベース），TAINS（一般社団法人　日税連税法データベース）を併用している場合があります。

・　判決等の引用については，登場人物の表示（符号を含みます）や財産の表示を，各講で使用するものに変更しています。また，判決文で書かれている固有名詞の表示についても各講で用いるものに変更しています。この点については，文中での都度のことわりを省略しています。

・　判決文中に筆者が下線を施す場合は「＿＿＿＿」を使用し，判決文中の下線「＿＿＿＿」とは区別しています。この点については，文中での都度のことわりを省略しています。

・　下級審の判決文が，上級審の判決において加筆あるいは修正された場合，できるだけ反映させるようにしています。この点については，文中で表示するようにしています。

ガイダンス　　相続税の全体構造と講座の進め方

相続税の全体構造

☆論点を探してみましょう。

　まず，相続税の全体構造を確認しておきましょう。この講座は，具体的な判決の学習を通して相続税を理解するだけでなく，相続法（民法）における考え方や論点を学習することによって，相続法（民法）が相続税法に及ぼす影響や，相続税法が相続法（民法）を修正している点を理解する，ことを目的としています。とはいうものの，いきなり個々の論点からスタートすると，頭の整理がしにくいかもしれません。

　そこで，まずは，相続税の全体構造を確認して，どこに論点が潜んでいそうか，予測してみることにしましょう。

　下の図をチラチラ見ながら，文章を読み進めてください。

相続時精算課税制度の適用を受けた贈与財産②	遺　産　総　額①		
遺　産　額⑥	非課税財産③	葬式費用⑤	債　　務④
遺　産　額⑥	相続開始前3年以内に贈与された財産⑦		
正　味　の　遺　産　額⑧			
基礎控除額⑨	課　税　遺　産　総　額⑩		

相続開始時における被相続人の全財産（「遺産総額①」）に，相続時精算課税制度の適用を受けた贈与財産②を加算します。そこから相続税の非課税財産③と債務④及び葬式費用⑤を差し引いて「遺産額⑥」を算出します。次に，この「遺産額⑥」に「相続開始前3年以内に贈与された財産⑦」を加算して「正味の遺産額⑧」を算出します。この「正味の遺産額⑧」から相続税の基礎控除額⑨を差し引いて，相続税が課税される「課税遺産総額⑩」を算出します。

　あぁ，いやいや，相続時精算課税制度って何？　贈与は2回加算するの？　という疑問の声が聞こえてくる気がします。このままスルーすると，あまりにも不親切ですから少しだけ説明しておきます。

〔相続税法上の「贈与」には2種類ある〕

■一つが暦年（1年間）贈与で，非課税限度額が110万円
・誰から何をもらうのも自由，基本的にもらったものはもらいっぱなし
・ただし，被相続人から相続または遺贈により財産をもらった人が，相続開始前3年以内にその被相続人からもらったものがある場合は，相続税の計算のときに加算が必要（前の図の⑦）

■他の一つが相続時精算課税制度による贈与
・60歳以上の親から18歳以上の子がもらう，など，条件がある
・非課税限度額は2500万円
・上限額が2500万円なので，必ずしも1年でもらう必要がなく，2500万円を超える贈与については，一律20%の税金がかかる
・相続税の計算のときに常に加算が必要（前の図の②）

☆**話を先に進めましょう。**

　前の図の一番下の段「課税遺産総額⑩」に相続税がかかることになるので，いよいよ税金の計算過程に入るわけですが，ここから先はややこしいです。日本の相続税は，とりあえず相続開始の日から10カ月以内に申告書を提出して納付しなければいけません。遺言がある場合は別として，申告期限までに遺産分割協議が調うかどうかは，人それぞれです。税務署としては，遺産分割協議の結果（調うか不調かも含めて）に左右されずに期限内に相続税の収納を完了したいのです。この税務署の希望にかなっているのが，日本の相続税の計算です。

　次の図を見ながら読み進めてください。「課税遺産総額⑩」について，法定相続人が法定相続分に応じて遺産を取得したことにします。「取得したことにする」のですから，実際に誰がどの遺産を取得したか，ということは関係ありません。ここでは，ありきたりな例ですが，法定相続人は配偶者1名，子が2名ということにしましょう。配偶者の法定相続分が2分の1，子の法定相続分が4分の1ずつとなります（民900条）が，この各法定相続分に応じた遺産額に対して超過累進税率を適用して税額を計算し，各人の税額を合計して「相続税の総額Y」を算出します。ここまでの部分は，すべてフィクションの世界だ，ということを忘れないでください。

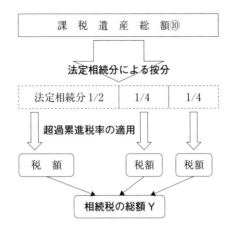

☆この「**相続税の総額Y**」が計算できれば，あと一息です。

　ここから先は現実の世界に立ち戻って，実際に取得した遺産が，課税遺産全体に占める割合に応じて各人の相続税額を計算します。そして，遺産を取得した者について税額控除があれば，それを差し引いて，各人の納付税額の算出が完了します。

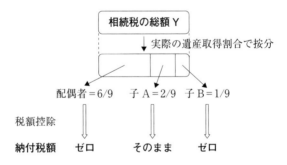

　先ほどの例で，実際には，配偶者が3分の2の遺産を取得し，残りの3分の1について，子2名が2対1の割合で取得したことにしましょう。つまり，配偶者は9分の6，子Aが9分の2，

子Bが9分の1というのが，実際の遺産取得割合ということになります。

　いやいや，実際の遺産取得割合で「相続税の総額Y」を分配することはわかったけど，最終の納付税額が，配偶者ゼロ，子Bもゼロ，それ何？　となりますよね。

☆相続税には6種類の税額控除があります。

　相続税には6種類の税額控除があります。暦年課税分の贈与税額控除，配偶者の税額軽減，未成年者控除，障害者控除，相次相続控除，外国税額控除です。相続時精算課税分の贈与税額控除は，これらの税額控除を順番に行った後で控除します。一つ一つの税額控除の内容についての説明は，ここでは省略します。

　先ほどの例で，配偶者は，配偶者の税額軽減を使いました。被相続人の配偶者は，実際に取得した正味の遺産額が，1億6000万円と配偶者の法定相続分相当額とのいずれか多い金額までであれば，相続税がかかりません。設例では，配偶者は9分の6を取得していますから，法定相続分2分の1を超える財産を取得していますが，1億6000万円を超えなかった，という想定でした。子Bは，未成年者ということにして，未成年者控除を適用しました。満20歳になるまでの年数1年につき10万円を掛けて計算した額が控除されます。

　ちなみに，民法の一部を改正する法律（平成30年法律第59号，令和4年4月1日施行）により，成年年齢が満18歳に引き下げられましたので，2022（令和4）年4月1日以後に，未成年者が相続または遺贈により財産を取得した場合は，満18歳に達するまでの年数ということになります（相続時精算課税制度の適用を受ける要件の

一つである子の年齢も同じ取扱いになります）。

☆**納付税額の計算まで到達できました。**

　説例の条件が後出しジャンケンになってしまいましたが，納付税額の算出まで到達できました。

　いかがでしょうか。途中まで，つまり相続税の総額の計算までは被相続人を中心に計算が進んでいくのですが，相続税の総額を各人（相続人又は受遺者）の遺産取得割合に応じて再配分するところからは，各人の計算へと移行することが理解できましたか。

　最終的には，相続（又は遺贈若しくは死因贈与）により財産を取得した人が支払うべき相続税額は，一体いくらになるのか，という計算をしているわけですから，日本の相続税の課税方式は遺産取得者課税方式ということになります。少なくとも，被相続人の相続税額を計算して，被相続人の遺産から税金を支払って完了する方式（遺産課税方式）ではありません。

　ところが，残念なことに，「私は，亡くなった父から3000万円の土地と家屋とを相続したのですが，私の相続税はいくらですか？」という質問に対して，すぐにその方の相続税額を計算することができません。そういう意味では，遺産取得者課税方式が徹底しているわけではないのです。「実は，あなたの相続税額，そんなに簡単に計算できないのです。日本の相続税って複雑なんですよ。」といいながら，相続税の計算に必要ないろいろな情報を聞いて集めつつ，ある程度の金額をお示しできるところまでいけたら，少しはわかっていただけるかなぁ，という感じなのです。

ここでちょっと言わせて！

　相続税の課税方式には，遺産課税方式と遺産取得者課税方式がある，ということは，相続税法の本には当たり前に書かれています。諸外国の相続税法との比較を載せたもの[1]もあります。

　でも，相続税の課税方式の違いは，そもそも相続法制の違いが原因なのです。フランスやドイツを中心とする，いわゆる大陸法系の国々は，相続が開始（人が死亡）すると，被相続人に属した財産の一切が相続人に直ちに承継される，という相続法制を採っています。これに対して，イギリスやアメリカといった，いわゆる英米法系の国々は，相続が開始すると，その者に属する財産は，一旦，財団に組み入れられ，相続財産管理人によって清算事務が行われ，残余財産が相続人に分配される，という相続法制なのです。

　それがどうした!?　と思わないでください。大陸法系の相続法制の下では，相続開始と同時に相続人に権利帰属するわけですから，相続人が相続税を負担する，という遺産取得者課税方式になじむことになります。他方，英米法系の相続法制の下では，被相続人に係る清算事務が終わってから残余財産が相続人に分配されますから，遺産課税方式になじむことになるのです。

　もっとも，税のデザインをどう設計するか，ということは極めて政策的なことですから，大陸法系の相続法制を採っているから遺産課税方式はダメだ，ということには必ずしもなりません。し

1）　たとえば，岩下忠吾『総説　相続税・贈与税〔第4版〕』（財経詳報社，2014年）16頁。

かしながら，相続法制と相続税の課税方式が異なる，というのは，面倒くさいでしょうから，おそらく誰もそんなことはしないだろうと思います。

　日本の場合はどうでしょう。わが国の相続法制は，フランス民法に倣っていますから，相続開始と同時に相続人に権利等が帰属します（民896条）。ですから，相続により財産を取得した相続人が相続税を負担する，という遺産取得者課税方式が採用される，ということになります。ところが，相続の選択として限定承認という方法がありますが，この方法を選択すると，ちょっと様子が違ってきます。ちょっと様子が違う，というあいまいな表現をしましたが，限定承認をした相続については遺産課税方式による相続税になる，とまではいっていません（笑）。詳しくは，**第8講**で学習します。

　とにかく，わが国の相続税は，遺産取得者課税方式を採用しつつ，計算過程がちょっと厄介で，限定承認をするとさらにまた厄介なことがおきそうだ，ということを，ここでちょっと言っておきたかったのです。

講座の進め方

☆税理士がまず聞くこと

　みなさんは，税理士が，相続税の納税相談において，納税者（と思われる人）と面と向かったとき，まず何を聞くか，というか，まず何を聞くべきだと思いますか？　もっとも，税理士が質問するより先に，納税者が，ご自分のペースで話し始めてくだされば，それはそれでありがたいのです。ただひたすら，お話を聞いて，「ちゃんと聞いていますよ。」の合図として，時々合いの手を入れ

ればいいわけですから（笑）。でも,「何からお話しすればいいですか?」という方もおられます。そんなとき, 税理士がまず聞くことです。

　ありがちな質問は, 亡くなった方の財産の内容について, です。税理士なので, 税金の額が気になってしまうのは職業病かもしれません。でも, ここで聞くべきは, どなたが, いつ, お亡くなりになられたか, です。

　笑い話のような実際にあった話です。知り合いの弁護士が私のところへ電話してきて, 猛烈な勢いで,「相続税額がいくらになるか計算してほしい。」というのです。これから相続登記をするから, 謄本とか固定資産税評価証明書とか, 必要と思われるものは, 今からメールで送るから, って。長い付き合いの弁護士で, いつもこんな感じで私のところへ質問が飛んでくるのですが, 相手が弁護士だからって, ここで慌てる必要はありません。このときの私は, ちょっと冷たく,「ちょっと待ってください。その方, いつ, 亡くなられたのですか?」と聞きました。すると, 返ってきた答えが,「亡くなったのは30年ほど前」。仕事しなくて済みました。30年前に開始した相続について, いまさら相続税が課税されるはずがありません。もしかしたら, かなり冷たい言い方をしたかもしれませんが, この旨, 弁護士に話して電話を切りました。後から, 登録免許税のことくらいは, 言って差し上げればよかったかなぁ, とも思いましたが, 不動産登記は税理士の仕事ではありませんからね（笑）。

　ということで, 税理士が, 納税者（と思われる人）にまず聞くことは, どなたが, いつ, 亡くなったか, です。亡くなった方がどなたであるかをお聞きするのは, 納税者（と思われる人）との

関係（親子？　夫婦？　など）を確認するため，いつ亡くなったかをお聞きするのは，申告期限がいつになるのか素早く見極めるため，です。先ほどの弁護士の電話のように，ずっと過去の相続の話が持ち込まれることも少なからずあります。財産のことや相続人のことなど，いろいろ聞いてしまってから，「あらま，いまから相続税が課税されることはありませんよ。」なんて言いづらくないですか？　もっとも，相談者にすれば，税金がかからないと知ることも安心ではあるでしょうけれど。

☆**学習する順番について**

　前置きが長くなりましたが，税理士の納税相談の現場も参考にしながら，この講座では，学習項目の順番にも少しこだわってみました。

　まずは相続人（相続する権利のある人）から始めます。そして，相続税の全体構造の図の上から下へ，つまり，相続財産（課税財産及び非課税財産），債務控除，財産の帰属（各人の遺産取得）について，学習していきます。財産の帰属というより各人の遺産取得方法というべきかもしれません。遺言による場合と遺産分割協議による場合を考えます。遺言にも遺産分割協議にも，相続法（民法）の改正事項がありますので，その点にも触れたいと思います。

　判決に向き合うときは，事実関係や法令解釈のところを，できるだけ見落としのないように整理しましょう。この本では，私が必要と思った事実しか拾い上げていないことを前提にしてください。採りあげた判決の出典は，敢えて掲記していません。大学の多くが，判例検索システムとして「LEX／DBインターネット（判例・法情報データベース）」を使っておられるようですが，ほぼ

すべての判決がヒットするはずです。必ず，ご自身で判決文にあたるようにしてください。また，「はじめに」のところにも書きましたが，「この判決をどう読むか」というところには，私の個人的な意見を書いていますから，みなさんには，そうかなぁ？と疑問に思ってくださること，そうじゃないでしょう！　と反論してくださること，この判決で読むべきは他にある！　と指摘してくださることを期待しています。あくまでも，みなさんの意見を引き出すためのツールですから，ゆめゆめ引きずられることがないようにしてください。

　以上で，ガイダンスを終了します。

第1講　養子縁組の前に出生した養子の子は相続人となるか？

【東京地裁平成25年5月30日判決】

　まずは相続人（相続する権利のある人）についての論点です。相続人の論点は，相続税法においては基礎控除額や死亡保険金等の非課税額の計算に影響します。

> **学習のポイント**
> 「相続人の数」（相法15条1項）について，原告（納税者）の主張，被告（税務署長）の主張及び裁判所の判断を理解する。

　民法（ガイダンスでは「相続法（民法）」としていましたが，以下単に「民法」とします）上は相続人にならない人が相続税法上は相続人としてカウントされる場合もあれば，民法上の相続人であるにもかかわらず相続税法上は相続人としてカウントされない場合があります。前者の例が相続放棄，後者の例が養子です。民法上きちんと養子になっているにもかかわらず，相続税の基礎控除額の算定では人数が制限される場合があります。

　民法上きちんと養子になっているといえるのか，もし民法上養子になっているといえないのであれば，相続税の基礎控除額の算定における人数制限どころか，そもそも相続人ではない，ということになります。本講で採りあげる事件は相続税の更正処分の取消請求事件ですが，そもそも養子の身分を有するのか否かが争われた事件です。養子縁組に関する事件が相続税法の裁判例として出てくるのは，件数としては少ないのでは？　と思います。相続税に関する裁判例を網羅的に把握しているわけではありませんか

ら，たしかなことは言えませんが，それはともかくとして，本件については，個人的には，税理士が民法をよく知らなかったからでは？　と思っています。相続税を受任する税理士は，民法をきちんと理解しておかないといけない，という自戒の念をこめて，地裁レベルの判決ではありますが学習しておきたいと思います。なお，本件は，東京高等裁判所で控訴が棄却（平成25年10月16日判決）され，その後，上告不受理となりましたので，納税者敗訴が確定しています。

事実の概要

　本件は，死亡した人がたくさん出てきて，判決文の中に書かれている人間関係を把握するのが少し大変です。事実関係を時系列で整理しますが，相続関係図を見ながら確認してください。また，本件は，平成21年1月1日に死亡した被相続人Pに係る相続税について争われた事件ですが，処分の内容や処分に至る詳細な経緯は省略します。

【相続関係図】

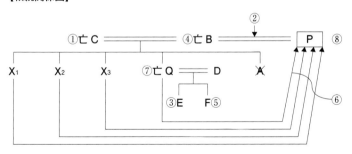

【時系列による事実の整理】

日付の前の数字は，相続関係図中にも示してあります。

① 昭和38年11月14日　C 死亡

② 昭和39年 4月28日　亡 C の配偶者 B が P と婚姻

③ 昭和55年 9月25日　亡 C と B との子 Q に，子 E が誕生

④ 昭和57年 4月17日　B 死亡

⑤ 昭和57年 9月19日　亡 C と亡 B との子 Q に，子 F が誕生

⑥ 平成15年10月 8日　亡 C と亡 B との子 X₁・X₂・X₃・Q と
　　　　　　　　　　　亡 B の配偶者 P とが養子縁組

⑦ 平成20年 9月15日　Q 死亡

⑧ 平成21年 1月 1日　P 死亡

被相続人 P に係る相続税の申告に際し，相続人 X₁・X₂・X₃は，E 及び F を交えて遺産分割協議をしました。相続税の基礎控除についても法定相続人は 5 人としています。

原告ら（X₁・X₂・X₃）の主張

原告らの主張を判決文から引用します。

「E 及び F は，亡 Q の実子であるところ，亡 Q が平成15年10月8日に被相続人 P と養子縁組をしたことから，民法727条の規定により被相続人 P の直系卑属となったものであり，亡 Q が被相続人 P の死亡前である平成20年9月15日に死亡したことから，民法887条2項の規定により亡 Q の代襲相続人として被相続人 P の相続人となるものというべきである。」

「また，亡 Q は，被相続人 P の配偶者である亡 B の実子であり，かつ，被相続人 P の養子であるから，相続税法15条3項1号の規定により，被相続人 P の実子とみなされるのであって，亡 Q の実子

であるE及びFは，被相続人Pの直系卑属となったものであり，亡Qが被相続人Pの死亡前に死亡したことから，亡Qの代襲相続人として被相続人Pの相続人となるものというべきである。」

　原告らの主張のポイントは，E及びFが，「民法727条の規定により被相続人Pの直系卑属となった」という点です。この主張が認められれば，「民法887条2項の規定により亡Qの代襲相続人として被相続人Pの相続人となる」というのは，ついてきます。

> 《民727条》
> 　養子と養親及びその血族との間においては，養子縁組の日から，血族間におけるのと同一の親族関係を生ずる。

　民法727条についての原告らの解釈を，判決文から引用しながら整理してみます。

　原告らは，まず，「民法は一般社会の基本規範であるから，民法が養親と養子との間の親族関係のみを規定し，養親と養子の親族との間の親族関係については規定していないとは考え難い。」と述べました。そして，「民法において養親と養子との間の親族関係を規定しているのは727条のみであるから，同条は，養親と養子との間の親族関係のみならず，養親と養子の親族との間の親族関係をも規定しているものと解すべきである。」と述べ，「特に，配偶者の連れ子を養子とする者は，その連れ子の実子との間においても親族関係が発生することを承認しているものと解するのが相当である。」と主張しました。

　少しわかりにくいように思いますので，私の言葉で説明してみ

ます。

　⑦　民法727条は,「養子Q」と「養親P及びその血族」との間に, 養子縁組の日(平成15年10月8日)から親族関係が発生する, と規定しているが,「養親P」と「養子Q及びその血族(E及びF)」についても, 養子縁組の日(平成15年10月8日)から親族関係が発生することを, この規定は含んでいる。

　⑦　とりわけ配偶者(B)の連れ子(X₁, X₂, X₃及びQ)を養子とする場合は,「養親P」と,「養子Q及び養子Qの実子(E及びF)」との間に親族関係が発生する, というか, 発生させるべきだ。

　どうでしょう, 少し原告らの考え方がわかりましたか。

　原告らは, 民法727条について上記のように考えていますから, 養子Qが養親である被相続人Pの死亡前に死亡した本件においては, 養子Qの実子であるE及びFが, 養子Qの代襲相続人として被相続人Pの相続人となる(民887条2項), と主張するのです。

《民887条2項》
　被相続人の子が, 相続の開始以前に死亡したとき, 又は第891条の規定に該当し, 若しくは廃除によって, その相続権を失ったときは, その者の子がこれを代襲して相続人となる。ただし, 被相続人の直系卑属でない者は, この限りでない。

被告(税務署長)の主張

　被告は次のように主張しました。

「E及びFは，亡Qの被相続人Pとの養子縁組前の子であるから，次のとおり，民法727条の規定により被相続人Pの直系卑属となったものではなく，民法887条2項の規定により亡Qの代襲相続人として被相続人Pの相続人となるものではない。したがって，本件相続に係る相続税の総額を計算する際の基礎控除額の算出において用いられる被相続人Pの『相続人の数』は，原告らのみの人数である『3』とされるべきものである。」

被告の主張は「3」（X₁，X₂及びX₃のみ）であり，原告の主張は「5」つまり，EとFとが加わります。

被告の主張を，もう少し詳しく，判決文から引用しておきましょう。

「民法727条は，養子と養親及び養親の血族との間における法定の血族関係の発生について規定したものであって，養親と養子の血族との間においては法定の血族関係は発生しないものと解するのが相当であり，養子の養子縁組前の子は養親の直系卑属となるものではない。そして，民法887条2項ただし書が，被相続人の直系卑属でない者は代襲相続人とならない旨を規定していることからすれば，養子の養子縁組前の子は養子の代襲相続人として養親の相続人となるものではないというべきである（昭和37年法律第40号による民法の一部改正により同項ただし書が設けられるまでは，養子の養子縁組前の子が，養親の直系卑属となるものではないとしても，代襲相続人にもなるものではないとまでいうことができるかについては，解釈論上の疑義があったところ，上記改正により同項ただし書が設けられたことによって，養子の養子縁組前の子は養親の直系卑属となるものではないから代襲相続人にもなるものではないという通説的な解釈及び実務の取扱いが確認されるに至った。）。」

ここも少しわかりにくいですが，要するに，養子縁組の日から，養子Ｑが養親Ｐの血族関係に入っていくのであって，養親Ｐが養子Ｑの血族関係に入っていくのではない，と言ったわけです。

　図がうまく書けないのですが，こんな感じです。

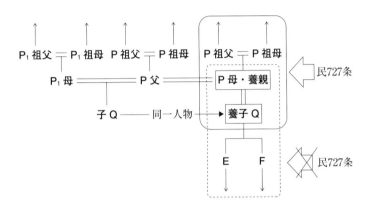

裁判所の判断

☆被相続人Ｐの「相続人の数」について

　この判決は，とても丁寧に書かれているなぁ，と思います。いえ，深い意味はないのですが，被相続人Ｐの「相続人の数」について，まず，相続税法の規定が整理されています。こんな感じで始まります。

> 「相続税は，相続又は遺贈により財産を取得した者の被相続人から
> これらの事由により財産を取得した全ての者に係る相続税の総額を
> 計算し，当該相続税の総額を基礎としてそれぞれこれらの事由によ
> り財産を取得した者に係る相続税額として計算した金額により，課
> するものである（相続税法11条）。」

　まぁ，相続税法の条文だから仕方ないのですが，知らない人が
単に聞いているだけだとイメージしにくいかなぁ，と思ってしま
います。みなさんは，ガイダンスのところで図解していますので，
大丈夫ですよね。

　次に，相法15条１項と２項の規定について確認したのち，

> 「本件相続に係る相続税の総額を計算する際の基礎控除額の算出に
> おいて用いられる被相続人Ｐの「相続人の数」は，被相続人Ｐの
> 民法第５編第２章の規定（886条ないし895条）による相続人の数が
> 何名であるかにより決定されることとなる。」

と述べて，「そこで，被相続人Ｐの民法第５編第２章の規定に
よる相続人の数が何名であるかについて検討することとする。」
と続けます。

☆被相続人Ｐの民法第５編第２章による相続人の数について

　裁判所は，原告らについて，そしてＥ及びＦについて述べた
あと，被相続人Ｐの民法第５編第２章による相続人の数につい
て，「３」とされるべきだと結びました。

(1)　**原告らについて**　　被相続人Ｐの配偶者Ｂは，被相続人
Ｐよりも先の昭和57年４月17日に死亡しており，被相続人Ｐの

相続人とはならない（民890条参照）。また，被相続人Ｐに実子はないので，原告らは，平成15年10月８日に被相続人Ｐと養子縁組をし，その日から，被相続人Ｐの嫡出子の身分を取得し（民809条），被相続人Ｐの相続人となる（民887条１項）。

相法15条２項括弧書きについては，「当該被相続人に養子がある場合の当該相続人の数に算入する当該被相続人の養子の数は，同項各号に掲げる場合の区分に応じ当該各号に定める養子の数に限るものとすると規定しているが，同条３項１号は，同条２項の規定の適用については，民法817条の２第１項（特別養子縁組の成立）に規定する特別養子縁組による養子となった者，当該被相続人の配偶者の実子で当該被相続人の養子となった者その他これらに準ずる者として政令で定める者は実子とみなすと規定しているところ，原告らは，被相続人Ｐの配偶者である亡Ｂの実子で，亡Ｂが被相続人Ｐと婚姻し死亡した後に被相続人Ｐの養子となった者であり，被相続人Ｐが，亡Ｂについて戸籍法96条の姻族関係終了届をし，原告らとの姻族関係を終了させたこともうかがわれないことによれば，原告らは，被相続人Ｐの配偶者の実子で，被相続人Ｐと当該配偶者との婚姻期間において被相続人Ｐの養子となった者であるということができるのであって（相続税法基本通達15-６参照），相続税法15条２項の規定を適用し，被相続人Ｐの『相続人の数』を決定するについては，原告らは実子とみなされ，同項括弧書きによる制限は適用されないこととなる。」と述べました。

姻族関係終了届という聞きなれない手続名が出てきましたが，これについては，後で簡単に触れることにしましょう。

(2) **Ｅ及びＦについて**　　裁判所は，Ｑは，平成15年10月８

日に被相続人Pと養子縁組をしているが，E及びFは，この養子縁組前に出生しており，養子縁組前の子であるから，民法727条の規定により被相続人Pの直系卑属となったものではなく，民法887条2項の規定によりQの代襲相続人として被相続人Pの相続人となるものではない，と述べました。

「民法727条は，養子と養親及び『その血族』すなわち養親の血族との間においては，養子縁組の日から，血族間におけるのと同一の親族関係を生ずると規定しているにとどまり，養子の血族と養親との間において親族関係を生ずる旨を規定しているものではないし，また，同条は，養子と養親との間における親族関係は『養子縁組の日から』生ずると規定しているにとどまり，養子と養親との間における親族関係が養子縁組の日よりも前に遡って生ずる旨を規定しているものでもないのであって，このような同条の規定に照らすと，養子の養子縁組前の子は，養親と養子との間の養子縁組により，養親との間において親族関係を生ずるものではなく，養親の直系卑属となるものではないというべきである（大審院昭和6年（オ）第2939号同7年5月11日第四民事部判決・民集11巻1062頁参照。なお，これに対して，養子の養子縁組後の子は養親の直系卑属となるものであると解される。）。」

この判決をどう読むか

この判決をどう読むか，というよりも，この判決から何を学ぶか，という方が適切でしょう。先にも述べましたが，相続税を受任する税理士は，民法の規定をきちんと読んで理解することが必要だ，ということが，この判決から学ぶべき最大ポイントになります。しかし，それはそれとして，じゃあ，どうすればよかった

のか？　と考えてみることも必要ではないかと思います。

　Ｑが被相続人Ｐと養子縁組するときに，ＥとＦも養子縁組してしまえばよかったのに，と思いませんか？　そのような考えもあって決しておかしくない，と思います。でも，私たちは，判決の中に出てくる事実を，後から，つまりすべてを過去にあった出来事として見ています。原告らとともにＱが被相続人Ｐと養子縁組することは，これは，ある意味では誰もが考えることだろうと思います。原告らの実親である亡Ｂと被相続人Ｐとの間には，実子がいないわけで，養子縁組しなければ，実親（亡Ｂ）の財産は，被相続人Ｐの側に流れてしまいます。さすがに，被相続人Ｐの直系尊属はいないと思われますが，兄弟姉妹がいればそちらに，兄弟姉妹が先に亡くなっていても，その下の一代限り，つまり甥姪にいくわけですから，原告らが何だかなぁ……と思うのも無理からぬ筋ではないでしょうか。

　ただ，そこから先，つまり，Ｑが自分の子どもたち（Ｅ及びＦ）も一緒に被相続人Ｐと養子縁組する，とは，必ずしもならないように思います。Ｑが被相続人Ｐよりも先に亡くなるなんて，おそらく誰も思わなかったのではないでしょうか？　もし，仮に，Ｑが自分の余命を知っていたとしたら，子どもたちも一緒に，と考えたかもしれません。原告らにも，自分の意向を告げたかもしれません。本件では，原告らはＥとＦもまじえて遺産分割協議をしているくらいですから，みんな仲良しかもしれませんが，養子縁組となると原告らの反対にあうかもしれません。

　Ｑが亡くなった時点で，ＥとＦは２人とも既に成年年齢に達していますから，自らの意思でＰと養子縁組することができたのでは？　ということも考えられます。でも，もしかしたら，こ

のとき既にPは重い病の床にあって，縁組意思を表示することができなかったかもしれません。ここまでいくと，2時間ドラマみたいになってしまいますが。

養子縁組という身分関係に関することには，心情的なこともいろいろ絡んで，親族関係全体に及ぼす影響は決して小さくありません。そういうことからすると，他人が踏み込むべきことではないな，と改めて思います。税理士は，相続人からきちんと聞き取りをして，身分関係を把握するだけではなく，戸籍によって相続人の確認をすることが大切でしょう。

> ### 雑談タイム　1　姻族関係終了届
>
> 「姻族関係終了届」という聞きなれない手続の名前が出てきました。
>
> 夫婦の一方が死亡しても，死亡配偶者の血族と生存配偶者との姻族関係が終了することはありません。えっ，ちょっとイヤって思いましたか？（笑）
>
> 「私は亡夫と結婚したけど，そもそも彼の親族と付き合うつもりはなかったし，現に，必要最小限のお付き合いしかしてこなかったわ。彼が亡くなった今となっては，もはやお付き合いする理由はないわ。」というように感じたら，「姻族関係終了届」を役所に提出して，姻族関係を終了することができます。
>
> 氏や戸籍の変動はありませんから，旧姓に戻りたい場合は，別途「復氏届」を提出する必要があります。

第2講 専ら節税を目的とする養子縁組は有効か？

【最高裁平成29年1月31日判決】

　本講では，養子縁組そのものの有効性が争われた事例を採りあげます。**第1講**でも述べましたが，そもそも民法上もきちんと養子になっているといえるのか，もし民法上養子になっているといえないのであれば，相続税の基礎控除額の算定においては，人数制限どころか，そもそも相続人ではない，ということになります。ですから，養子縁組が有効かどうか，というのは大事な論点です。

学習のポイント

　① 　養子縁組が有効であるとされるための要件（民法の規定）を確認し，理解する。

　② 　①を踏まえて，この判決についての自分なりの考えを論じる。

　この最高裁判決は，全体のボリュームも少ないですし，論点も一つですから，判旨を先に確認しましょう。

判　　旨

　「養子縁組は，嫡出親子関係を創設するものであり，養子は養親の相続人となるところ，養子縁組をすることによる相続税の節税効果は，相続人の数が増加することに伴い，遺産に係る基礎控除額を相続人の数に応じて算出するものとするなどの相続税法の規定によって発生し得るものである。相続税の節税のために養子縁組をするこ

とは，このような節税効果を発生させることを動機として養子縁組をするものにほかならず，相続税の節税の動機と縁組をする意思とは，併存し得るものである。したがって，専ら相続税の節税のために養子縁組をする場合であっても，直ちに当該養子縁組について民法802条1号にいう『当事者間に縁組をする意思がないとき』に当たるとすることはできない。

　そして，前記事実関係の下においては，本件養子縁組について，縁組をする意思がないことをうかがわせる事情はなく，『当事者間に縁組をする意思がないとき』に当たるとすることはできない。」

　少し話が横道にそれますが，ある判決を考察する場合，人によって着目する箇所が違うということは少なくありません。同じ判決なのに着目箇所が違う，というのは，争点そのものが複数ある場合ももちろんあります。しかし，そうでない場合でも，人によって論理の展開の仕方が異なるために，自分なりの結論を導き出すためには，判決文のこの部分を引用するほうが都合がいい，といった場合があり得ます。このことは，論理の結論や展開方法が，正しいとか，間違っているとか，ということとは全く別問題です。そのようなことがある，ということです。

　この判決については，読んだ全員が上記の部分を引用する，といっても過言ではないでしょう。もっとも，紙幅の都合などで，引用部分の長さに若干違いがあるかもしれません。

　学習のポイントには，「養子縁組が有効であるとされるための要件（民法の規定）を確認し，理解する」と述べましたが，民法は，養子縁組が無効になる場合について規定していますので，そちらを先に確認しておきましょう。

《民802条》

　縁組は，次に掲げる場合に限り，無効とする。

　一　人違いその他の事由によって当事者間に縁組をする意思がな
　　いとき。

　二　当事者が縁組の届出をしないとき。ただし，その届出が第
　　799条において準用する第739条第2項に定める方式を欠くだけ
　　であるときは，縁組は，そのためにその効力を妨げられない。

　「次に掲げる場合に限り」とありますから，養子縁組はできる
だけ有効となるようにしようという意図が見受けられるのではな
いでしょうか。そもそも縁組の意思がないときは無効（1号）で
すが，届出のない場合も無効（2号）となります。ところが，届
出の方式に欠陥があっても，縁組そのものは無効としないことに
なっています。799条において準用される739条2項は婚姻の届出
についての規定ですが，「前項の届出は，当事者双方及び成年の
証人2人以上が署名した書面で，又はこれらの者から口頭で，し
なければならない。」となっています。当事者双方が署名した書
面又は口頭で届出をしない，ということは考えにくいですから，
成年の証人2名以上が署名した書面又は口頭による届出に，何ら
かの問題がある場合（たとえば，証人が1人しかいない）が想定さ
れているのでしょう。縁組の当事者の意思が届出によっても明ら
かにされているのであれば，届出の方式が民法の規定に則ってい
ないという理由だけで縁組そのものを無効にする，というのはお
かしいですよね。

　では，本件において，届出の要件は充たされていたのでしょう
か。誰と誰が争っているのかも明らかにする必要がありますから，

ここで事実関係を確認しておきましょう。

事実の概要 1

　登場人物及び時系列による事実関係を整理しましょう[1]。

【相続関係図】

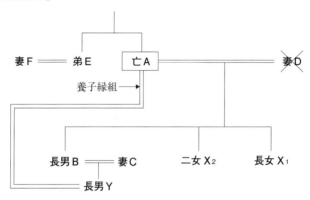

【時系列による事実の整理】

平成22年3月11日	Aが公正証書遺言①を作成 「不動産dをB及びDに相続させる」等
平成22年6月28日	Dが公正証書遺言を作成 「不動産dのうち，建物の共有持分をBに相続させる」等
平成23年▲月▲▲日	Y出生
平成24年3月◆◆日	D死亡
平成24年3月22日	Aが公正証書遺言①を取り消す旨の自筆証書遺言②を作成 「現在の遺言書は無効です」

1）　東京家裁平成27年9月16日判決参照。

平成24年5月●日	本件養子縁組の届出が世田谷区長に受理 ▶養親＝A，養子＝Y 養親欄の署名はA本人，E及びFが証人
平成24年10月7日付け	Aから Bの代理人弁護士を通じて Bに書面連絡 「本件養子縁組は Bの勝手な判断によるものであり，自分は本件養子縁組について詳しい説明を受けたことも，本件縁組届に署名押印した事実もない」 「離縁届を作成して提出する」
平成24年10月◆◆日	Aが養子 Yとの養子離縁届に署名押印の上，世田谷区長に提出，受理 Aの署名押印欄のみ Aが記入，その余の部分は X_2 が作成
平成24年11月22日	Aが公正証書遺言③を作成 「不動産 dを含む一切の財産を原告ら（X_1 及び X_2）に相続させるとともに，Aが連帯保証人として負担する債務を主債務者である Bに負担させ，佐賀県唐津市の M弁護士を遺言執行者として指定する」
平成25年2月頃	Yが Aを被告として離縁無効確認請求訴訟を提起
平成25年4月4日	Aが本件養子縁組無効確認の反訴を提起
平成25年▲月▲▲日	A死亡 ⇒本件養子縁組無効確認請求事件終了 離縁無効確認請求事件は検察官（被告）が受継
平成26年3月26日	離縁無効確認判決が確定 「前記離縁は，代諾権者である Y法定代理人親権者らの意思を欠く」

X_1・X_2 が，亡 Aと Yとの間の養子縁組無効確認請求事件を提訴

　あまり関係のなさそうな事実も一応整理しておきました。ここ

で，もう一つ民法の規定を確認しておきましょう。本件では，養子Y（平成23年生）は，養子縁組（平成24年5月）時点で満1歳になるかならないかです。民法には，15歳未満の者を養子とする縁組についての規定があります。

《民797条》
　養子となる者が15歳未満であるときは，その法定代理人が，これに代わって，縁組の承諾をすることができる。
2　法定代理人が前項の承諾をするには，養子となる者の父母でその監護をすべき者であるものが他にあるときは，その同意を得なければならない。養子となる者の父母で親権を停止されているものがあるときも，同様とする。

　平成24年5月に世田谷区長に受理された届出書には，Yの法定代理人である父Bと母Cとが署名押印していました。同届出書には，養親A自身の署名押印があり，証人2人もいたわけですから，民法802条2号の要件を充たしています。養子縁組が無効であるとするためには，同条1号の養子縁組の意思がなかったことを立証する必要があるわけですが，なかったことの証明は困難である上，当事者のAは既に亡くなっています。

　第一審東京家庭裁判所は，結論として，「本件養子縁組当時，Aが縁組意思及び届出意思を欠いていたと認めるに足りる証拠は見当たらない」と述べて，養子縁組を有効と判断しました。

　他方，原審東京高等裁判所は，「Aには縁組意思がなく，本件養子縁組は無効である」と判断して，原判決を取り消しました。

　裁判所の判断が分かれた理由を，原審が認定した事実関係から探ってみましょう。

事実の概要2

　判決文[2]から事実関係を抜粋し，箇条書きにしてみます。詳細
は判決文を確認してください。

① 　養子Yの父Bは，クリニック院長を務める医師であり，
　　平成22年6月に，39歳で妻Cと婚姻。翌年にYが出生。

② 　平成23年12月末，Aは，長女X₁に，Bの税理士から，何
　　度も電話で養子縁組を持ちかけられて困っている旨を話した。

③ 　平成24年2月7日，Aは，自宅を訪れた税理士の職員から，
　　効果的な相続税対策として，Yと養子縁組をすることの節
　　税メリットの説明を受けた。

④ 　平成24年4月24日，Aは，Bとその妻C及び子Yと共に
　　自宅を訪れた税理士及びその職員から，Yと養子縁組をす
　　ることの節税メリットと養子縁組手続の説明を受けた。

⑤ 　Aは，平成24年4月24日または同年5月3日に，本件縁
　　組届に署名押印した。

⑥ 　平成24年6月頃から，AとBとの関係が悪化。Bは，A
　　からの連絡を拒否するようになる。

⑦ 　平成24年10月7日付け書面で，Aは，Bに対し，
　　「本件養子縁組はBの勝手な判断によるものであり」，
　　「自分は本件養子縁組について詳しい説明を受けたことも，
　　本件縁組届に署名押印した事実もなく」，
　　「自分の年齢から考えてYを養育できる時間はない」
　　と述べた。

2）　東京高裁平成28年2月3日判決参照。

Aは，同月▲▲日，Yとの養子離縁届（B夫婦が作成に関
　与していないもの）を世田谷区長に提出した。
⑧　本件養子縁組の無効確認を求めた反訴状においてAは以
　下のように主張した。
　「実体的意思，すなわち真に養親子関係の設定を欲する効果
　意思を有していなかった」
　「養親による養子の監護養育が不可能であり，現にその実態
　が存在しない」
　「現に，平成24年5月▲日以降も，YとAは同居すらせず，
　面会すらすることもなく，現在に至っている」
　「Yは，実父母であるB及びCによって当時もまた現在も
　養育されているのみならず，Bは医師として職務を行い，
　資産も保有しており，経済的にもまた養育環境においてもこ
　れを養育できないとされる状況には全くないものであり，養
　子に出すことを考えることはあり得ない」

　以上のような事実関係から，東京高等裁判所は，「本件養子縁
組は，専ら，税理士が勧めたA死亡の場合の相続税対策を中心
としたAの相続人の利益のためになされたものにすぎず，Aや
代諾権者であるB夫婦において，Aの生前にAとYとの間の
親子関係を真実創設する意思を有していなかったことは，明らか
というべきである。」と述べました。
　この争いに決着をつけた最高裁の判断は，前述のとおりです。

この判決をどう読むか

☆最高裁の正義・高裁の正義

　最高裁の考え方を，私なりに，次のように表現してみました。

　養子縁組には縁組意思が必要だ，これは当たり前でしょう。でも，縁組意思の形成過程には，いろいろな理由（目的）があり得るわけで，相続税の節税というのも，縁組意思を形成する上での理由（目的）の一つでしょう。だとすると，相続税の節税が，仮に縁組意思を形成する上での最たる理由（「専ら」）だとしても，縁組意思そのものを否定する理由とはならないといえます。

　東京高裁は，縁組意思を「親子関係を真実創設する意思」だと考えています。ですから，「Ｙは，実父母であるＢ及びＣによって当時もまた現在も養育されているのみならず，Ｂは医師として職務を行い，資産も保有しており，経済的にもまた養育環境においてもこれを養育できないとされる状況には全くないものであり，養子に出すことを考えることはあり得ない」という反訴におけるＡの主張を重視したのだと思います。この東京高裁の判断もまた，至極当然だと思います。ところが，養子縁組とは本来こういう意図をもってなすべきことだ，という点を追及しすぎると，"節税"といった本来予定されているとはいい難い意図が表示されたときに，"節税"を不釣り合いなもの，あるいはそぐわないものとして排除してしまいがちになるのではないでしょうか。

　最高裁の素晴らしいところ（だと私は思っています）は，いいとか悪いとかはいわないところです。最高裁は，縁組意思と節税と

を横並びには考えていないのだと思います。下の図をみてくださ
い。養子縁組には縁組意思が必要ですから，養子縁組と縁組意思
とは縦の関係になります。そして，縁組意思の形成にはいろいろ
な理由や目的がありますが，節税もその一つであり，縁組意思と
節税も縦の関係となります。結局，行き着く先は縁組意思であり，
養子縁組であるから，節税がいいとか悪いとかはいいようがない，
ということになります。

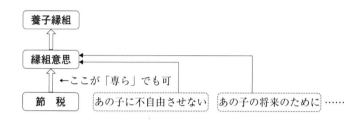

☆どうする？　こんな相談を受けたら……

　とはいうものの，税理士として関与先法人の社長（P氏としま
しょう）から次のような相談を受けた場合，どのように答えます
か？

　P氏：先生，そろそろ相続税対策を始めたいと思います。財
　　　　産面での対策は，それなりに進めていくとして，やは
　　　　り，基礎控除額を引き上げる，という手法も考えるべ
　　　　きですよね。幸い，長男のところには，男の子が2人
　　　　いますから，どちらかを養子にしようと思います。先
　　　　生は，どう思われますか？

「いやぁ，いいお考えですね，ぜひ，進めてください」と答え
ますか？

　社長の考えに賛成するにしても賛成しないにしても，専門家と

して説明しておくべきことは整理しておく必要があります。説明の項目としては，次のような点が挙げられます。

① 戸籍の問題

② 長男と孫とが兄弟になること

③ 養子に選ばれた子と養子に選ばれなかった子との人間関係

④ 相続税法の規定

☆税理士として説明すべき項目①──戸籍の問題

まず戸籍の問題ですが，養子縁組の要件には，縁組意思という実質要件のほかに，届出という形式要件があります。「養子にしたことにして」というのはあり得ませんから，必ず，戸籍に養子縁組の情報が載ります。P氏の長男の子のいずれを養子にするにしても，長男の戸籍に載っているいずれかの子にバツ印がついて，P氏の戸籍に載ることになります。心情的にこのバツ印がイヤ，ということを聞いたこともあります。結婚すれば新たに戸籍が編製されますから，そのときにもバツ印はつくのですが，それ以外の理由はイヤだ，とか，「戸籍が汚れることを嫌う」家風がある，ということも聞いたことがあります。古臭い話のようですが，そんなこともある，という理解は，戸籍制度がある現状においては必要ではないでしょうか。

☆税理士として説明すべき項目②──長男と孫とが兄弟になること

次に長男と孫とが兄弟になること，です。P氏と養子縁組をしたとしても，実際の生活は，親子（長男と孫）中心でされるのだろうと思います。この親子関係（実親子関係）は継続しますが，P氏との関係においては，親子ではなく兄弟ということになり

ます。ちょっと複雑だなぁと，私は感じます。

☆税理士として説明すべき項目③──養子に選ばれた子と養子に選ばれなかった子との人間関係

　そして，このちょっと複雑だなぁ，という感じは，養子に選ばれた子と養子に選ばれなかった子との人間関係に波及するのでは？　という心配につながります。子どもたちが成長すれば，「家の事情」というのも理解できるようになるかもしれませんが，「なぜ自分でなければいけなかったのか」あるいは「なぜ自分ではなかったのか」という思いが湧き起こらないという保証はどこにもありません。以前，私のゼミを受講した院生の1人が，実際にこの院生には2人の息子さんがおられたのですが，この点をすごく強調して，絶対にイヤだ，自分がイヤなことは他人には勧められない，と発言しました。いろいろな意見があるでしょうが，彼のような感覚も必要だ，と私は思っています。

☆税理士として説明すべき項目④──相続税法の規定

　最後に，相続税法の規定を確認しておきましょう。

　一つは，相法15条2項の規定です。被相続人に実子がある場合又は実子がなく，養子が1人である場合は，養子1人，被相続人に実子がなく，養子が2人以上である場合は，養子2人，が相続税の基礎控除額を計算する際に相続人の数に算入されるという規定です。

　相法63条の規定にも注意が必要です。

《相法63条》

　第15条第2項各号に掲げる場合において当該各号に定める養子の数を同項の相続人の数に算入することが，相続税の負担を不当に減少させる結果となると認められる場合においては，税務署長は，相続税についての更正又は決定に際し，税務署長の認めるところにより，当該養子の数を当該相続人の数に算入しないで相続税の課税価格……及び相続税額を計算することができる。

雑談タイム　2　相法15条2項の創設

　かつてバブル華やかなりし時代に，養子縁組を使って多額の相続税を免れようとする事例が多く見受けられるようになり，専門家が率先して指導する事例もありました。本当に縁組意思があったのか，疑わしい事例もあったのではないか，と思われます。そのような時代の中で，相法15条2項が創設されたのです（「所得税法等の一部を改正する法律」昭和63年12月30日法律第109号，昭和64年1月1日以後開始する相続から適用）。

　この規定が創設された当時，私は税務署職員でしたが，養子縁組する方もする方，人数だけ制限する方もする方，と寂しい気がしたことを昨日のことのように覚えています。

第3講　取消訴訟係属中の訴訟上の権利は相続財産か？
【最高裁平成22年10月15日判決】

　本講から**第5講**まで，相続財産について学習します。この事件は，所得税の更正処分等の取消訴訟の係属中に原告が死亡し，訴訟上の地位を承継した相続人が，当該取消訴訟に勝訴して過納金を受領したのですが，この過納金が相続財産に当たるか否かが争われた事件です。取消訴訟についての理解も必要となりますが，その点はできるだけ簡素にまとめて，何が相続財産か，という点に着目して検討することにしましょう。

> **学習のポイント**
> ①　相続人が受領した過納金は，相続財産か？
> ②　過納金の内容（本税，加算税，延滞税，還付加算金）により，相続財産になるものと，相続財産にならないものとに分けることができるか？
> ③　税理士は，相続税の当初申告において，どう対応すればいいのか？

事実の概要

　本件は，相続関係図を示すほどには人間関係が複雑ではありませんが，時系列によって事実関係を整理しますので，その一助としてください。

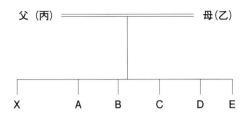

①	平成6年9月27日	父（丙）死亡
②	平成8年2月27日付け	丙に係る平成4年分所得税の更正処分及び過少申告加算税の賦課決定処分（以下「処分Ⅰ」※という）並びに乙に係る平成5年分所得税の更正処分及び過少申告加算税の賦課決定処分（以下「処分Ⅱ」という）

※処分Ⅰは丙の死亡後にされていますから，処分の通知の名宛人は，丙の相続人である乙，X及びA～Eの7名です。

③	平成8年8月9日	乙が，処分Ⅰによる税額のうち，乙の相続分に相当する額と，処分Ⅱによる税額を納付
④	平成9年4月11日	乙が処分Ⅰ及び処分Ⅱの取消請求訴訟を提起
⑤	平成12年7月29日	乙死亡⇒相続人Xが当事者の地位を承継
⑥	平成13年5月28日	Xが乙に係る相続税の確定申告書を提出
⑦	平成13年9月25日〃　　10月2日	処分Ⅰ及び処分Ⅱを取り消す旨の判決言渡し
⑧	平成13年10月17日	⑦の判決確定
⑨	平成13年12月26日	処分庁が③に係る所得税額，過少申告加算税額及び延滞税額（「本件過納金」）のほか，還付加算金（「平成13年還付加算金」）をXに還付
⑩	平成14年1月29日	処分庁が，平成13年還付加算金の計算誤りがあったとして，還付加算金（「平成14年還付加算金」）をXに還付
⑪	平成14年3月15日付け	Xが，平成13年分所得税の確定申告書を提出本件過納金及び平成13年還付加算金を一時所得として計算

⑫	平成15年3月13日付け	Xが，平成14年分所得税の確定申告書を提出 平成14年還付加算金を一時所得として計算
⑬	平成15年4月18日付け	処分庁が，Xに対して，本件過納金につき， 　⑪に係る所得税の減額更正処分 　⑥に係る相続税の更正処分（「本件更正処分」） 　及び過少申告加算税の賦課決定処分（「本 件賦課決定処分」）
⑭	平成15年5月30日付け	Xが，処分庁に対して，本件更正処分及び本件 賦課決定処分の取消しを求める異議申立て
⑮	平成15年8月29日付け	処分庁が，⑭の異議申立て棄却
⑯	平成15年9月26日付け	Xが，国税不服審判所長に対して，本件更正処 分及び本件賦課決定処分の取消しを求めて審査 請求
⑰	平成17年6月20日付け	国税不服審判所長が，本件更正処分につき審査 請求棄却，本件賦課決定処分について全部取消 裁決
⑱	平成17年12月19日	Xが，本件更正処分の取消しを求めて訴訟提起

　本件の争点は，Xが取得した本件過納金及び平成13年還付加算金は，Xの所得になるのか，あるいは，乙（亡母）の相続財産になるのか，という点です。

　先に，裁判所の判断を見ておきましょう。

判　　旨

　「所得税更正処分及び過少申告加算税賦課決定処分の取消判決が確定した場合には，上記各処分は，処分時にさかのぼってその効力を失うから，上記各処分に基づいて納付された所得税，過少申告加算税及び延滞税は，納付の時点から法律上の原因を欠いていたこととなり，上記所得税等に係る過納金の還付請求権は，納付の時点にお

いて既に発生していたこととなる。このことからすると，被相続人が所得税更正処分及び過少申告加算税賦課決定処分に基づき所得税，過少申告加算税及び延滞税を納付するとともに上記各処分の取消訴訟を提起していたところ，その係属中に被相続人が死亡したため相続人が同訴訟を承継し，上記各処分の取消判決が確定するに至ったときは，上記所得税等に係る過納金の還付請求権は，被相続人の相続財産を構成し，相続税の課税財産となると解するのが相当である。」

　前記の時系列表の枠外に矢印を書き入れてみましたが，最高裁（第一審大分地裁[1] も原審福岡高裁[2] も）は，処分取消しの裁判が確定したら，納付の時に遡って「なかった」ことになるので，訴訟係属中の当事者（乙）の死亡はスルーされる，ということです。

　私は，最高裁の結論には賛成しているのですが，実務上はかなり問題があります。この点については後で述べることにして，原告 X の主張を確認しておきましょう。

原告 X の主張

　第一審の判決文に原告 X の主張の骨子がありますので，それを引用します。

　「行政処分に公定力を認める論理的帰結として，本件過納金又はその還付請求権は，別件所得税更正処分取消訴訟の取消判決確定によって初めて生じると解するほかなく，乙の相続開始時には存在し

1）　大分地裁平成20年 2 月 4 日判決。
2）　福岡高裁平成20年11月27日判決。

ていなかったものである。

　したがって，本件過納金の還付請求権は，原始的に原告に帰属するものであり，乙の相続財産を構成するものではない。

　被告がその主張の根拠とする取消判決の遡及効は，判決の拘束力（行政事件訴訟法33条）によって原状回復義務が課される結果，更正処分がなかった状態まで回復するというにすぎず，還付請求権が遡及的に生じていたということにはならない。

　また，所得税法の通説的解釈によれば，原告の本件過納金の還付請求権の取得は，原告の純資産の増加の起因となる外からの経済的価値の流入，すなわち収入金額に算入すべき金額に該当する。したがって，当該収入は所得税法36条の収入金額を構成すべきものであり，その収入は相続税又は贈与税の課税対象となるものではないから非課税所得（所得税法9条1項15号）には該当せず，その結果，当該収入は所得税の課税対象となるのである。

　以上のことから，原告が相続により取得したのは，『訴訟上の原告の地位を法的な訴訟承継手続により取得することができる地位』という事実上の地位に過ぎないことになるが，取消訴訟の訴訟物は処分の違法性一般であるから，その地位を他に譲渡して換価することはできない。したがって，当該地位は一切換価価値はないから相続財産を構成しない。」

　行政法の理解が必要ですから，行政法を履修していないとかなり難しい点があるかもしれません。上記引用の最初に出てくる「行政処分に公定力を認める」というところの「公定力」とは，行政処分はそれが権限ある機関によって取り消されるまでは有効として扱われる，という意味です。また，上記引用の第三段落には，「取消判決の遡及効」という文言が出てきますが，これは，取消判決がされると，原告との関係においては，処分はもとから

なかったことになる，という取消判決の効力のことをいいます。続いて，「判決の拘束力」という文言も出てきます。行政事件訴訟法33条1項には，「処分又は裁決を取り消す判決は，その事件について，処分又は裁決をした行政庁その他の関係行政庁を拘束する。」と規定されています。

行政法の理解をおくとして，原告Xの主張の最後のところ，「原告が相続により取得したのは，『訴訟上の原告の地位を法的な訴訟承継手続により取得することができる地位』という事実上の地位に過ぎない」ことになり，「その地位を他に譲渡して換価することはできない。したがって，当該地位は一切換価価値はないから相続財産を構成しない。」というところに着目してください。換価価値があるものが相続財産だ，という理屈なのだろうと思われますが，これはこれとして十分に納得できる主張ではないでしょうか。思わず引き込まれてしまいます。

被告Yの主張

被告Yの主張の骨子も第一審の判決文から引用します。

「抗告訴訟における取消判決は遡及効を有しているから，別件所得税更正処分は，同処分の取消訴訟の判決確定により当初から存在しなかったことになる。そうすると，観念的には，乙が別件所得更正処分（ママ）に基づき納付した時点に遡って，本件過納金の還付請求権が発生していたということができる。

また，本件過納金は本来乙に還付されるべきものであるが，これが原告に還付されたのは，原告が乙の財産を相続したことをその理由とするのであり，この相続がなければ，本件過納金が原告に還付されることはなかったのである。すなわち，原告は，還付金を受け

るべき地位を承継したのであり，たとえその発生時期が相続開始後であるとしても，本件過納金の還付請求権は相続財産を構成するというべきである。

　さらに，本件過納金の還付請求権は，所得税又は相続税のいずれかの課税対象となるべきものであるところ，本件過納金は乙が有していた財産を原資として納付された金銭（過納金）であり，取消判決の確定により，それが当初から逸出しなかったことになるにすぎないから，仮に乙が生存しており同人に還付された場合には，これを一時所得又は雑所得の収入金額として発生したとみるべき事実が認められず，所得税の課税対象とはならない。こうした本件過納金の還付請求権の性質は，相続という偶然の事情によって左右されるものではなく，乙の納付により減少した相続財産が，納税義務が消滅して本件過納金が発生することにより回復されるだけなのであるから，これを原告の所得とみることはできない。したがって，本件過納金の還付請求権は乙の相続財産を構成するというべきである。」

　被告Yの主張で見るべき点は，「本件過納金は乙が有していた財産を原資として納付された金銭（過納金）であり，取消判決の確定により，それが当初から逸出しなかったことになるにすぎないから，仮に乙が生存しており同人に還付された場合には，これを一時所得又は雑所得の収入金額として発生したとみるべき事実が認められず，所得税の課税対象とはならない。」という点ではないでしょうか。

　処分を取り消されておきながら，一旦出ていったものが戻ってきただけだ，みたいな処分庁の言い分に，少しムッとくる感じもしないではありませんが，本件過納金の還付請求権は相続財産である，という結論に賛成している私としては，ここはガマンです。

この判決をどう読むか

そもそも相続財産とは何か，について考えてみましょう。相続税法には，相続財産とは何かについて，具体的に規定した条文がありません。相法2条は相続税の課税財産の範囲の規定ですが，相法1条の3に規定された納税義務者の区分にしたがって課税財産の範囲を定めているだけで，「財産」そのものについての定義は見当たりません。実は，民法にも，相続財産についての直截的な規定はないのです。「相続人は，相続開始の時から，被相続人の財産に属した一切の権利義務を承継する。」（民896条）という，相続の一般的効力についての規定があるだけです。

でも，本件においては，この規定こそが重要なのです。

☆訴訟上の地位は一身専属？

民法上，相続による承継の対象とならないものとして，「一身専属権」（民896条ただし書）がありますが，本件のような課税処分の取消訴訟に係る訴訟上の地位（原告の地位）は，取消訴訟の訴訟物が違法性一般である（原告もこの点を認めています）ことを考えると，一身専属であるはずがありません。少しわかりにくいかもしれませんので，もう少し言葉を足してみます。取消訴訟では，誰が（処分庁），誰に（ここでは納税者に限定しておきます）対して，どのような処分をしたか，まず，明らかにしておきます（処分の特定）が，争われるのは，その処分の中にどのような違法性があったか，ということです。ですから，訴訟の途中で，争っている処分の名宛人が死亡したとしても，処分の違法性を争うことは他の人でもできるわけ（もっとも，誰でもいいということにはならない

でしょうけれど）で，一身専属性はない，ということになります。

　原告Xは，「訴訟上の地位」を相続し，この地位には換価性あるいは換価価値がないと主張しましたが，民法は，「被相続人の財産に属した一切の権利義務」と規定しているわけで，取消訴訟の訴訟上の地位を承継することは，還付加算金をさておくとしても，少なくとも本件過納金の裏打ちがあると考えます。"裏打ち"ですよ，本件過納金そのものだとはいっていません。

　問題は，訴訟に勝つまでは，具体的に本件過納金が現実化しない，ということです。乙（亡母）が訴訟に勝つまで生きていてくれたら，本件過納金は還付加算金も含めて相続財産になったことは間違いありません（訴訟に勝ってから亡くなるまでに使い切れば相続財産にはなりません）。ただ，裁判の途中で相続が発生して，相続開始時には，少なくとも本件過納金はなかったのです。金額は，計算できるかもしれません。なぜなら，納付した金額はわかっているからです。そういう点では，還付加算金は，勝つまで計算できないので，"ない"こと以上に厄介ですが。それでもなお，本件過納金が相続財産だとするのは，原告Xが，訴訟上の地位を承継したからに他なりません。私はそのように考えています。

☆あなた（税理士）なら，どうする？──現行相続税法の枠組みの中で

　相続税の申告書に，勝てば戻ってくるであろう本件過納金の額を記載するか，というととても悩ましいですが，書かなければ負け戦を認めたようで，それも腹立たしいです（このように思うのは私だけかもしれませんが）。この点が，最高裁の結論には賛成するが，実務上はかなり問題があると述べた点です。相続財産の種類

欄に未収過納金とでも書いて，本件過納金の存在をほのめかしておいて，金額欄はゼロ円にする，というのが精いっぱいの対応ではないか，と私は思っています。

　仮に，そこまでしないとしても，本件過納金と還付加算金が実際に支払われた時点で，相法31条1項に準じて修正申告をします。ここで注意していただきたいのは，相法31条1項に準じた修正申告である点です。相続税の修正申告には2種類あります。国税通則法19条による修正申告と，相続特有の事由に基づく修正申告（相法31条）です。2つの修正申告では加算税と延滞税が異なります。自主的に行う修正申告ですから，国税通則法に基づく修正申告の場合であっても加算税は賦課されません（通則法65条5項，ただし平成28年3月31日法律第15号改正前のもの）が，延滞税を免れることはできません。これに対して，相法31条の場合は，過少申告加算税だけでなく延滞税も免除されます。

　ところが，相法31条1項に基づく修正申告は，「次条第1項第1号から第6号までに規定する事由が生じたため既に確定した相続税額に不足を生じた場合」に提出することができます。取消訴訟に勝訴して過納金や還付加算金が還付された場合は，この「次条第1項第1号から第6号」のいずれにも該当しません。ですから，相法31条1項に「準じて」修正申告をするしか方法がない，と考えるのです。

　この事件に関しては，原告Xの側から，小林栢弘先生（税理士），佐藤清勝先生（税理士），大淵博義先生（税理士）の意見書が提出されています。また，被告Yの側から三木義一先生（青山学院大学名誉教授・弁護士），本山敦先生（立命館大学法学部教授）の意見書が提出されています。ここでは紹介を省略しますが，ぜひ，

これらの意見書を読んで，自分なりの考え方を整理してみてくだ
さい。

第4講　農地の売買契約途中で売主が死亡した場合の相続財産は何か?

【最高裁昭和61年12月5日判決(昭和56年(行ツ)第89号事件)】

　本講では,売買契約を締結していた農地の売主が,売買代金の一部を受領し,農地法に基づく届出が受理された後に死亡した場合,当該売主の相続税に係る相続財産は,当該農地の所有権か,あるいは売買契約における残代金請求債権か,いずれであるかが争われた事件を採り上げます。

　第一審(東京地裁昭和53年9月27日判決)では納税者の主張が認められましたが,課税庁側が控訴し,原審(東京高裁昭和56年1月28日判決)では原判決が取り消されたため,納税者側が上告していました。

学習のポイント

① 本件においては,何が相続税の課税財産であると判定されたか,また,その判定根拠を理解する。

② 当該課税財産をどのように評価するか,相法22条との関係で理解する。

事実の概要

　時系列に沿って事実関係を整理します。

①	昭和47年7月7日	A所有の農地(以下「本件土地」)につき売買契約締結

売買契約の内容

売主＝Ａ

買主＝Ｂほか３名（以下「Ｂら」）

代金　　　　45,397,000円

　　手付金　　6,000,000円（支払日；契約日同日）

　　内金　　10,000,000円（支払日；同年９月30日まで）

　　残金　　29,397,000円（支払日；同年11月30日まで）

特約条項

① 買主は，本契約期間中該土地を任意分割し，他に転売した時はこの分割した土地の地目変更を行なう。又本契約期間中に所有権移転登記を行う時は，移転登記を行う坪数に坪単価を乗じた価格を支払い精算し最終土地残金に充当することとする。

② 本日より該物件に買主が宅地及び道路を造成することを売主は承諾した。

③ 中間金支払後買主が該当地上に建物を建築することを売主は承諾した。

④ 公道面の道路敷地は売主の負担とする。

⑤ 売主は道路指定許可に必要な書類と印鑑を提供し協力する。

②	昭和47年７月７日	Ｂらは，本件土地をＣ株式会社(以下単に「Ｃ」)に転売し，引渡し
③	昭和47年９月30日	ＢらがＡに，内金10,000,000円支払
④	年　月　日　不　詳	Ｃが本件土地の中央部に道路を造成
⑤	昭和47年10月７日	本件土地につき農地法５条１項３号の規定による届出　　　譲渡人＝Ａ，譲受人＝Ｃ，転用目的＝宅地用地
⑥	昭和47年10月17日	Ｃが④の道路につき建築基準法の規定による道路位置指定申請
⑦	昭和47年10月20日	⑤の届出受理

⑧	昭和47年10月26日	Cが，本件土地に建物を建てるため建築確認申請
⑨	昭和47年11月13日	⑥の申請どおり道路位置の指定
⑩	昭和47年11月25日	**A死亡＝本件相続開始** ⇒相続人は，配偶者及び子5名
⑪	昭和47年12月15日	Cが亡A（相続人？）に残代金支払
⑫	昭和47年12月16日	所有権移転登記受付 　登記権利者＝C 　登記義務者＝亡A相続人（配偶者及び子5名） 　登記原因証書＝昭和47年12月15日亡A相続人 　　　　　　　　名義で作成された売渡証書 　　　　　　　　（相続登記未経由）
⑬	昭和48年5月25日	本件相続に係る相続税の確定申告

　この後，配偶者を除く子5名（以下「原告ら」）は，更正の請求をし，課税庁はそれを認容します。が同時に，課税庁は再更正処分及び過少申告加算税の賦課決定処分をし，これらの処分の取消しを求めて，原告らが提訴します。課税庁（以下「被告」）の主張を，次に整理してみましょう。

被告の主張

　被告は，まず，原告らの相続税の課税価格及びその計算根拠を示していますが，この部分は省略して，本件土地に関する主張を判決文を適宜要約しながら整理します。

　（1）　原告らの取得財産価額には，いずれも本件土地の相続分
　　　　（3分の2を5分した15分の2）の価額として本件土地の価
　　　　額20,185,438円の15分の2に当たる2,691,391円が算入されてい
　　　　た。
　（2）　しかしながら，本件土地は以下に述べるとおり本件相続財

産に属しない。

⑦　亡Ａは，本件土地につき，前述のとおり売買契約を締結した（以下「本件売買」，49頁参照）が，右契約には特約条項が付されていた（49頁参照）。

④　右特約条項②，③及び⑤からすると，Ｂらは中間金を支払うことにより本件土地を使用収益するため，その引渡しを受けることが合意されていたものであるところ，Ｂらは，右契約日に手付金600万円，同年9月30日に内金（中間金）1000万円を支払っているから，同日，本件土地の引渡しを受けたものである。

⑦　そして，Ｂらは，同日本件土地をＣに転売し，かつ，その引渡しをしたのであり，Ｃは，これにより前記売買契約における買主の権利を譲り受け，同年10月26日本件土地に建物を建築するため練馬区長に対して建築確認申請をし，本件土地の中央部に道路を造成し，同月17日右道路につき建築基準法の規定による道路位置の指定を練馬区長に対し申請し，同年11月13日に申請どおり道路位置の指定がされた。

㊁　ところで，本件土地は市街化区域内にある農地（畑）であるから，右土地を農地以外のものにするためその所有権を移転する場合には農地法第5条第1項第3号の規定による届出を経なければならないので，亡Ａ及びＣは，同年10月7日本件土地につき東京都知事に対して，譲渡人を亡Ａ，譲受人をＣ，転用目的を宅地用地として農地法第5条第1項第3号の規定による届出をして，同月20日受理された。

㊄　したがって，本件土地の所有権は右届出の効力の生じた同日亡ＡからＣへ移転したというべきであり，本件土地は本件相続財産に属しないものである。

原告らの主張

被告の主張に対する原告らの反論は，以下のとおりです（被告の主張と同様，判決文を適宜要約しています。）。

(1) 本件土地の所有権は，本件相続開始時において，いまだＢらに移転していない。

よって，相続人（原告ら及び配偶者）は，本件相続により本件土地を取得した。

(2) 本件土地の所有権がＢらに移転した時期は，残金が支払われて本件土地の引渡しがされた昭和47年12月15日である。

したがって，

㋐ 本件相続開始時に未収であった残金29,397,000円は相続財産に属しない。

㋑ 本件売買に関する仲介料等406,000円は本件相続債務に属しない。

㋒ 本件売買による亡Ａの分離長期譲渡所得に係る所得税額6,180,900円は本件相続債務に属しない。

㋓ 亡ＡがＢらから受領していた手付金及び内金の合計額16,000,000円は，預り金として本件相続債務に属する。

判　　旨

まず，最高裁の結論を確認しましょう。

「原審の適法に確定した事実関係のもとにおいては，たとえ本件土地の所有権が売主に残っているとしても，もはやその実質は売買代

金債権を確保するための機能を有するにすぎないものであり，上告人ら（及び配偶者）の相続した本件土地の所有権は，独立して相続税の課税財産を構成しないというべきであって，本件において相続税の課税財産となるのは，売買残代金債権2939万7000円（手付金，中間金として受領済みの代金が，現金，預金等の相続財産に混入していることは，原審の確定するところである。）であると解するのが相当である。」

　最初に述べましたが，本件については，第一審地裁と原審高裁の判断が分かれていました。最高裁が原審の判断を是認することで決着したわけですが，下級審の判断の差異を下表に整理して検討してみましょう。なお，判決文をもとに，内容を適宜省略したり，表記の方法を変更して整理しています。

☆下級審における判断の対比

高　裁	地　裁
	本件売買契約においては，本件土地の所有権移転の時期を売買代金の残金が支払われた時（同時に所有権移転登記の申請及び本件土地の引渡しがされることとされている。）とする旨の特約が存したと推認するのが相当である。
	本件売買代金の残金29,397,000円が支払われたのは昭和47年12月15日に至ってからであることは当事者間に争いがない。
	売買残代金の支払及び所有権移転登記の申請が遅れたのは，亡A

（特約の存在を認容した上で）

　本件のように売買代金の支払完了時に目的物件の所有権が移転するという特約がある売買においては，代金未払の間は所有権が売主に留保され，買主には移転しないのであるから，右所有権と対価関係にたつ売買代金債権も確定的に売主に帰属するに至らないとみるのが相当である。

**　本件土地の所有権をもって課税物件と解すべきである。**
【本件土地の評価】
　相法22条は，相続財産の価格は特別に定める場合を除いて当該財産の取得時における時価による旨定めているのみで，同法は土地の時価に関する評価方法をなんら定めていない。

↓そこで

　国税庁において「相続税財産評価に関する基本通達」を定め，その評価基準に従って各税務署が統一的に土地の評価をし，課税事務を行っている。

が同年11月25日に至り急死したため，亡Ａの相続人の印鑑証明書その他右所有権移転登記の申請に必要な書類を用意することなどに日時を要したためであることが認められる。

　本件土地の所有権は，本件相続開始の時点までにはいまだ何人にも移転しておらず，右所有権は亡Ａの遺産として本件相続により同人の相続人に承継され，同年12月15日に至り右相続人からＢらに移転したものというべきである。

①　**本件土地は本件相続財産に属する。**
②　本件土地が本件相続財産に属すること前記のとおりであるから，右未収金（本件売買代金の残金）は相続開始時にはいまだ被相続人の債権として確定していなかったというべきであり，**右未収金は本件相続財産に属しない。**
③　本件相続開始時にはいまだ本件売買契約による本件土地の所有権移転がなかったこと前記認定のとおりであるから，右未払仲介料等はいまだ被相

右基準によらないことが正当として是認されうるような特別な事情がある場合は別として，原則として，右通達による基準に基づいて土地の評価を行うことが相続税の課税の公平を期する所以である。

〔特別の事情の存否について〕

相続開始時における本件土地の路線価額は，20,188,438円

相続開始時に近接した昭和47年7月7日における売買価額は，45,397,000円

相続開始時までに内金1600万円が支払われ，残代金が同年12月15日には完済されたことから，本件土地の相続開始当時における客観的な取引価額は少なくとも前記売買価額を下らないものと推認される。

↓

相続開始当時における土地の評価額が取引価額によって具体的に明らかになっており，しかも，被相続人もしくは相続人が相続に近接した時期に取引代金を全額取得しているような場合において，その取引価額が客観的にも相当であると認められ，しかも，それが通達による路線価額との間に著しい格差を生じているときには，右通達の基準により評価することは相法22条の法意に照らし合理的とはいえない。

続人の債務として認定していなかったというべきであり，**右未払仲介料等は本件相続債務に属しない。**

④　本件相続開始時にはいまだ本件売買契約による本件土地の所有権移転がなかったこと前記認定のとおりであるから，**亡Aに本件売買による譲渡所得があったということはできない。**

⑤　本件相続開始時にはいまだ本件売買契約による本件土地の所有権移転がなかったこと前記認定のとおりであるから，**当時右金員（亡Aが受領していた手付金及び内金）はいまだ亡Aに帰属することに確定していなかったというべきであり，右金員はBらからの預り金として本件相続債務に属するものである。**

| 本件土地の評価については，前記取引価額をもってすることが正当として是認しうる特別の事情があるというべき。

　以下の争点については省略 | |

　相続税の課税財産は本件土地であるとする点は，高裁も地裁も同じです。本件土地の評価について，高裁は取引価額だといいましたが，地裁の判断を上記表に記していません。しかしながら，地裁では，被告の主張の(1)，つまり「原告らの取得財産価額には，いずれも本件土地の相続分（3分の2を5分した15分の2）の価額として本件土地の価額20,185,438円の15分の2に当たる2,691,391円が算入されていた」という事実について当事者間に争いがないことが最初に確認されています。この「本件土地の価額20,185,438円」は「相続税財産評価に関する基本通達」に従って評価した金額です。ですから，地裁は土地の評価を路線価でいい，といっていたことになります。

　これに対し最高裁は，下級審の判断とは異なり，「本件土地の所有権は，独立して相続税の課税財産を構成しない」と述べました。最高裁が，「課税価格の算定にあたり，本件土地の価額をその売買残代金債権と同額である2939万7000円……とした原審の判断は，結論において正当として是認することができる。」と述べたところに，細心の注意を払う必要があると思います。

この判決をどう読むか

☆**相続財産が何であるかが決まれば，課税価格は決まる。**

　今回の判決でも，最高裁ってスゴイなぁ，と思いました。その理由を明らかにするためには，上告代理人の上告理由書を紹介する必要があるのですが，これはもう少し後に譲ることにします。

　先にも述べましたが，下級審はいずれも，相続税の課税財産は「本件土地」だとしながら，課税価格つまり「本件土地」の評価について異なる判断をしました。これに対して，最高裁は，そもそも相続税の課税財産は「本件土地」ではなく「売買残代金債権」だと判断することにより，評価の問題には立ち入らなかった，あるいは，評価の問題についての判断を回避したわけです。えっ，それってスゴイこと？　と思われるかもしれませんが，少なくとも私はそう思っています。

　高裁は，国税庁が定める「相続税財産評価に関する基本通達」の意義を認めつつ，相法22条の原則に立ち返って，「右基準によらないことが正当として是認されうるような特別な事情がある場合は別」だといって，本件における「特別な事情」の存在を事実関係に基づいて認定しました。私は，この高裁の努力も大変なものだと思っています。むしろ，高裁の判断によれば，「特別な事情」の存否については，個別の事件ごとに判断されることになるでしょうから，目の前にぶら下がった取引価額（ちょっと不適切な表現かもしれません）が相続税の課税財産に対する評価となるかどうかは，一応，検討してもらえそうな期待（淡い期待）が持てます。先の対比表の中に，「相続人が相続に近接した時期に取引代金を全額取得している」という文言があるのに気づいています

か？ 「近接した時期」ってどのくらいの期間をいうのでしょうか？ 相続税の確定申告期限までであれば，おそらくダメ，つまり取引価額が採用されるでしょう。でも，それが，確定申告期限の一年後だったらどうなのでしょう。「全額取得」がダメなら，50％までしか取得していなかったら取引価額は採用されないの？というふうに，いろいろ検討事項が増えていくことになります。

　というふうに，いろいろ考えなくてもいいのが，最高裁の結論だったのです。

☆上告代理人の上告理由書より〜一物四価〜

　では次に，上告代理人の上告理由書の中で，私が大きくうなずいた箇所を紹介させてください。まず，一物四価の話が出てきます。

　「現在土地の評価には，固定資産評価額，路線価額，公示価額，取引価額の４段階があることが常識になっている。固定資産評価額は固定資産税額都市計画税算出のために評価され，国民の税負担が急激に過重になり，国民生活に混乱を生じないよう最も低廉に評価され，約取引価額の３分の１程度である。路線価額は本件のような相続税額，贈与税額等算出のためにあり，相続人等の負担が過重にならないよう取引価額の２分の１程度に評価されている。公示価額は，地価の暴騰を押さえる政策的目的の下に評価されるので時価よりもやや安く，取引価額は需給のバランスから生ずるもので最も高い。この４段階評価はそれぞれの目的に従って採用され，相互に混同されることはない。」

　同じ土地なのに，それぞれの目的に従って評価額が異なる，ということは知っておいてください。

☆上告代理人の上告理由書より～控訴裁判所への反論～

　次に，控訴裁判所の判断に対する主張を紹介します。少し長くなりますから，興味がなければスルーしてください。

　「控訴裁判所の右判断は，上告人等に著るしい不公平な差別的取扱いをすることになる。本来，土地というものはすべからく取引の対象となり得るものである。昨日取引が終った土地もあれば，現在取引進行中のもの，明日取引を予定するものもある。もし，この土地について相続が発生したとしたら，税務署に取引価額が判明し易いのは現在取引中のものである。過去取引が済んだものや，将来取引が予定されているものについては，納税者はその事実を申告する必要はないので申告しない。そうすれば現在取引が進行中のものについてのみ取引価額によって相続税が課税され，他のものについては路線価額によって課税されることになり，取引価額は路線価額より高額であるのが常識であるから，取引進行中のものについては他とは不公平に高額の税負担を強いられることになる。

　もし，かかる不公平な高額の税負担の事実が一般に流布されれば，税負担の軽減を希望するのは一般の国民感情であるから，何れは取引事実の申告は皆無になり，国民の真面目な納税意欲を阻害することになる。真面目に正直に税申告をした上告人等だけが不当に不利益な取扱いを受けることになる。

　控訴裁判所は何もそのようなことまでして，同じ国家機関の一部である国税局が定めた基本通達に反する取扱いをする必要はない。それこそ相続税法22条の法意にもとることになる。」

　「かかる不公平な高額の税負担の事実が一般に流布」することはないと思います。裁判記録でも見なければわかりませんし，国

民の多くは，仮にこのようなことがあっても知らないでしょう。とはいうものの，税務署（国税局）が統一的に課税，あるいは評価しようという目的で自らが定めた通達を用いることなく，目の前に提示された金額があるから，しかも，通達による価格との乖離が大きすぎるから，といったことで，もっともらしい理由（「右基準によらないことが正当として是認されうるような特別の事情がある場合」）をつけて通達を無視する，そんなご都合主義は許されない，そうは思いませんか？

☆国税庁の評価実務〜当時の事情〜

　もっとも，この判決にはこの時代の事情があったということに注意してください。昭和47年7月7日に締結された売買契約の目的物が市街化区域内の農地であったこと，相続開始が昭和47年11月25日であったこと，がこのような争いになってしまったといえるでしょう。実は，この時代の路線価は今よりもずっと精度が低かったのです。特に，農地については，農地法という法律が出てきましたが，基本的に自由な取引が成立しにくいのです。国税庁といえども，売買の実例がないところの評価となると，かなり難しかっただろうと思います。土地神話が根強かった日本は，この後，バブル期と呼ばれる時代に突入していき，取引価額と路線価額の乖離はますます大きくなっていきました。

　そのような時代背景の中で，相続税に関する法律が改正され（租税特別措置法69条の創設。現在は削除），財産評価基本通達も改正されました。現在の財産評価基本通達に定める評価の原則が，次のように規定されていることを十分に理解してください。

（評価の原則）

1 財産の評価については，次による。（平3課評2-4外改正）

(1) 評価単位

　財産の価額は，第2章以下に定める評価単位ごとに評価する。

(2) 時価の意義

　財産の価額は，時価によるものとし，時価とは，課税時期（相続，遺贈若しくは贈与により財産を取得した日若しくは相続税法の規定により相続，遺贈若しくは贈与により取得したものとみなされた財産のその取得の日又は地価税法第2条《定義》第4号に規定する課税時期をいう。以下同じ。）において，それぞれの財産の現況に応じ，不特定多数の当事者間で自由な取引が行われる場合に通常成立すると認められる価額をいい，その価額は，この通達の定めによって評価した価額による。

(3) 財産の評価

　財産の評価に当たっては，その財産の価額に影響を及ぼすべきすべての事情を考慮する。

雑談タイム　3　評価は固めに

　私が国税専門官に採用されて，最初に受けた基礎研修のとき，相続税法の先生から，「路線価は，徴収の安全のためにも実勢価格と同じ，というわけにはいきません。」と教わりました。相続税に，物納という制度があるのは聞いたことがあると思います。税金は金銭で納めることを原則としながら，相続税の場合は，ある一定の条件の下で，相続した現物をもって納税することが認められています。不動産が物納された場合に，国がいつまでも持っているはずはなく，公売という手段で換金しないといけないわけです。

要するに，公売で得られた金銭が納税額に見合っていないと，国は困るわけです。だから，徴収の安全という点から，「評価は実勢価格を硬めに見積もっておかないといけない，それが路線価です。」と教わったのです。ずいぶん古い話になってしまいました（笑）。

第4講補講　農地の売買契約途中で買主が死亡した場合の相続財産は何か？

【最高裁昭和61年12月5日判決（昭和57年（行ツ）第18号事件）】

　第4講では，農地の売主が売買契約途中で死亡した場合に相続税の課税財産が何であるかを考えましたが，本件は，農地の買主が売買契約途中で死亡した場合の事件です。判決期日，法廷，5名の裁判官，すべて同じです。

```
学習のポイント

① 本件においては，何が相続税の課税財産であると判定され
   たか，また，その判定根拠を理解する。
② 当該課税財産をどのように評価するか，相法22条との関係
   で理解する。
```

事実の概要

　時系列に沿って事実関係を整理します。

①	昭和49年1月30日	AとB株式会社との間で土地の売買契約を締結

```
売買契約の内容

  売主＝B株式会社

  買主＝A

  物件＝ア　某市某町G36番地　田　991㎡

       イ　某市某町N27番地　田　741㎡
```

※上記ア，イを合わせて，以下「本件土地」という。

代金＝19,164,000円

    手付金   2,000,000円（契約当日支払）

    残代金   17,164,000円

②	昭和49年2月13日	Aが，某市農業委員会に農地法3条の許可を申請
③	昭和49年2月28日	**A死亡＝本件相続開始**　⇒相続人X（原告）
④	昭和49年3月7日付け	某市農業委員会が，Aに対し，上記②の申請許可を通知
⑤	昭和49年3月11日	Xが，某市農業委員会に，上記④の許可取消願を申請
⑥	昭和49年3月16日	Xが，B株式会社に，残代金を支払う
⑦	昭和49年3月18日	Xが，B株式会社から，本件土地につき，所有権移転請求権仮登記の移転付記登記を受ける
⑧	昭和49年4月11日	Xが，某市農業委員会に農地法3条の許可を申請
⑨	昭和49年5月8日付け	某市農業委員会が，Xに対し，上記⑧の申請許可を通知
⑩	昭和49年5月20日	Xが，本件土地の所有権登記名義人（C）から所有権移転登記を受ける
⑪	昭和49年8月20日	Xが，被相続人Aに係る相続税の確定申告書を提出
⑫	昭和50年7月28日	Xが，被相続人Aに係る相続税の修正申告書を提出

⑬	昭和50年8月11日付け	税務署長（被告）がX（原告）に対して，被相続人Aに係る相続税について更正処分及び過少申告加算税の賦課決定処分を通知

※更正処分の内容は，上記修正申告の内容における，a及びbを減算，cについて前渡金として加算する，というもの。

被告の主張

　時系列で整理した事実関係の中に，更正処分の内容を書いてしまいましたが，被告がこのような処分を行った理由については，確認しておく必要がありますね。被告の主張と次の原告の反論については，第一審（名古屋地裁昭和55年3月24日判決）の判決文から引用しました。

　まず，売買契約の目的となった物件（ア及びイの田）が相続財産ではない，とした点について，その理由を次のように述べています。

　「農地の所有権移転を目的とする法律行為は，農地法3条所定の許可を受けない限り法律上の効力を生じないのであるから，被相続人が農地の買受契約を締結していたとしても，その生存中に当該農地の所有権移転について右許可を得ていない以上，当該農地は相続税の課税の対象となる相続財産とはならないのである。」

次に，未払残代金と未払仲介手数料が相続債務とならないことの理由です。

　「本件土地に関するＡ死亡当時における売買代金残額及び未払仲介手数料は，相続開始時において，現存し，かつ確実と認められる相続債務であったとは到底認め難い。即ち，右売買代金残額等が確実に相続債務と認められるためには，本件売買契約そのものが，相続開始の時点において客観的に確実なものと認識できる必要があるが，前記のとおり，Ａの死亡により法定条件たる農業委員会の許可は発効しなかったので，右売買代金残額等の支払時期が果して何時到来するものか判然とせず，本件土地を買受けること自体が相続人たる原告自身の選択と計算により不可能となる可能性も皆無ではなかったから，これをもって相続税法の規定する確実な相続債務ということはできない。」

　そして，「結局，原告の相続税額の計算に当たって課税価格に算入すべき価額は，相続開始日までにＡが支払ずみの手付金相当額（前渡金）のみとすべきものである。」と主張しました。

原告の主張

　原告の反論を判決文に基づいて，箇条書きにしてみました。

（1）　本件土地は，登記簿上の地目は田であったが，昭和46年頃から休耕中で肥培管理されておらず，現況雑種地であった。Ａがｂ株式会社から本件土地を買い受けた当時も農地法上の「農地」ではなかった。

　　　したがって，その所有権移転については，農地法3条所定の許可は不要であって，ＡがＢ株式会社との間で売買契約を締結した昭和49年1月30日に，本件土地の所有権はＡに

移転したから，本件土地は，相続財産に含まれる（Ａは契
約締結日に使用収益を開始）。

（２）　仮に，本件土地が農地法所定の「農地」であり，その所有
権移転について農業委員会の許可が必要であったとしても，
某市農業委員会は，Ａの死亡前（昭和49年２月26日）に申
請許可を決議しているから，少なくとも相続税額を算出する
に際しては，本件土地は相続財産に含まれる。

（３）　課税の実務（所得税基本通達36-12，所得税法124条及び
125条，昭和48年３月14日直資２-26）においては，許可前の
申告を認めており，経済的な実質に特段の差異がないのに，
本件のような譲受人側の相続税についてだけ，農地法に従う
よう厳しく要求することは矛盾しており，農地の譲渡人が契
約締結日に譲渡があったとして譲渡所得の申告が認められて
いるのに譲受人の相続人が相続財産に右農地を含めて申告す
ることが認められないとしたら，その矛盾は甚だしい。

したがって，本件土地についても，Ａの実質的な所有権
取得の時期は，本件売買契約成立の時と解すべきである。

（４）　売買契約が有効に成立し，その代金の一部に充当されるべ
きものとして手付金が支払われた後に買主が死亡したとして
も，右売買契約が無効に帰したとか，解除されたとかの事情
もないのに代金支払義務が消滅する理由はない。

よって，売買代金残額等の支払義務は，相続時に現存し，
かつ確実なものであって，相続債務に該当する。

（５）　本件売買契約により，Ａは，本件土地の所有権移転請求権，
所有権移転登記請求権，農地所有権移転許可申請協力請求権，
所有権移転請求権に基づく仮登記移転請求権等を取得し，一
方代金支払義務を負担するから，ＸはＡの死亡により，売
買契約上の権利義務を相続により取得した。

Ｘが相続により取得した上記各権利は，本件土地の所有

権の取得を目的とするものであるから，一体として，本件土地の「相続税財産評価に関する基本通達」による評価額2,991,360円（本件土地の固定資産評価額の20倍）を最高限度とし，それ以下で評価すべき。

判　　旨

　最高裁の判決は，あっさりしたものでした。

> 「本件相続税の課税財産は本件農地の売買契約に基づき買主たる被相続人が売主に対して取得した当該農地の所有権移転請求権等の債権的権利と解すべきであり，その価額は右売買契約による当該農地の取得価額に相当する1965万1470円と評価すべきである」

　農地の取得価額が1965万1470円ということですが，売買契約書に記載された金額は1916万4000円でしたから，少し違います。

　第一審の判決文によると，「本件において，本件土地の取得価額は1,965万1,470円（買受代金1,916万4,000円と仲介手数料48万7,470円の合計額）であるところ」となっています。

　たしかに，財産の「取得価額」といわれれば，買受代金と取得に要した費用である仲介手数料との合計額ということになります。しかしながら，相続財産が所有権移転請求権等の債権的権利であるとして，その評価額は，本件土地の「取得価額」と同じでいいのでしょうか？　最高裁は，次のように述べています。

「『相続税財産評価に関する基本通達』（昭和39年直資56，直審（資）17）の定める評価方法による農地の評価との不均衡を前提とする主張は，本件相続税の課税財産は具体的な売買契約によりその時価が顕在化しているとみられる前記債権的権利であって，これを所論の通達の定める評価方法により評価するものとされている農地自体と同様に取り扱うことはできないから，やはりその前提において失当というほかない。」

　本件相続税の課税財産が，農地自体ではなく，所有権移転請求権等の債権的権利であるから，路線価方式や倍率方式による評価は相応しくない，ということですが，もう少し順を追って考えてみましょう。

　本件は，第一審，原審（名古屋高裁昭和56年10月28日判決），最高裁のすべての裁判所が同じ判断をしています。

　そもそも，本件相続税の課税財産が「本件土地（農地）」ではなく，「所有権移転請求権等の債権的権利」であると決定したプロセスを，第一審の判決文で確認してみましょう。

「農地の所有権移転を目的とする法律行為については，当事者において農地法3条所定の許可を受けない限り，農地所有権移転の効力を生じないのであるから（同法3条4項），相続開始前に被相続人が農地の買受契約を締結していたとしても，その生存中に当該農地の所有権移転について右許可を受けていない限り，当該農地は被相続人の所有とはならず，従って，相続税の課税の対象となる財産とはなり得ないものというべきである。」

　原告は，本件土地は現況雑種地で，農地ではない，と主張しま

したが，裁判所は「たまたま何らかの事情で，現在は一時耕作されていない状態の土地であっても，耕作するつもりになればいつでも耕作できるような土地（いわゆる休耕地）も，農地法制定の趣旨から当然『農地』に含まれるものと解すべき」といいました。

　本件土地が「農地」である以上，農地法上の所定の許可は受ける必要があり，原告が，農業委員会の許可の決議がなされたのは，相続開始前の昭和49年2月26日だったとの主張をしたところで，ここは許可通知書に記載された日付（昭和49年3月7日）がものをいうわけです。

　本件土地が相続財産にならないことがわかりました。では，何が相続財産になるか，について，引き続き，第一審の判決文を引用しつつ確認しましょう。くどいよぁと思われるかもしれませんが，裁判所の判断をきっちり押さえておきましょう。

　　「前記のとおり，農地所有権の移転には，農地法3条所定の許可を要するが許可を得ていない段階においても，農地の売買契約自体はもとより契約として有効であり，売買契約の成立と同時に，買主は売主に対し，債権的請求権としての所有権移転請求権，所有権移転登記手続請求権，所有権移転許可申請協力請求権を取得し，一方特段の事由の存しない限り，右契約の成立と同時に代金支払義務を負担するに至るものと解するのが相当である。
　　本件において，Aは本件土地の売買契約を締結したことにより，B株式会社に対して前記各請求権を取得し，〔中略〕，代金支払義務の発生は本件土地の所有権移転の時とするなどの約旨は存しないことが認められるから，右契約の成立と同時に，B株式会社に対して代金支払義務を負担するに至ったものというべきである。そして，原告はAの死亡により，その遺産相続人としてAの右売買契約上

の権利義務（但し，代金については未払分）を当然に承継したものというべきである。」

　ということで，相続財産は売買契約上の権利義務，敢えて言い換えると売買契約上の地位である，ということになりました。

　相続財産が売買契約上の権利義務であることが確定しましたから，次に，この相続財産を評価しないといけません。売買契約上の権利義務はどのように評価すべきなのでしょうか。第一審は次のように判示しました。

　「前記のとおり相続税の課税価格に算入すべき価額は，相続，遺贈の対象となった財産について当該相続または遺贈のあった時における価額を評価し，その合計額から相続人の負担に属する被相続人の債務で相続開始の際現に存するもの及び被相続人に係る葬式費用に相当する金額を控除して計算されるが，相続税法22条によれば，相続により取得した財産の価額は特別の定めがあるものを除く外，相続開始時の時価によるものとされている。ここで時価とは，当該財産の客観的交換価値をいい，それぞれの財産の現況に応じ，不特定多数の当事者間で自由な取引が行われる場合に通常成立する価額をいうものと解するのが相当である。

　しかして，本件相続により原告が取得した債権的請求権としての前記所有権移転請求権，所有権移転登記請求権，所有権移転許可申請協力請求権の価額については，何ら特別の定めがないので，右各請求権の価額は相続開始時における時価によることとなるのであるが，右時価は，当該土地の取得価額が通常の取引価額に比して著しく高額であるとか，もしくは低額であるとかの特段の事情がない限り，右取得価額に一致するものと解するのが相当である。

> けだし，右のような観点から相続財産の時価が評価される限り，
> 右評価額は相続税の性格・目的に合致した課税標準としての経済的
> 価値を適確に具現しているものと解せられるからである。」

　引用が少し長くなってしまいましたが，要するに，売買契約上の権利義務の評価は，売買契約で取り決められた金額が，「不特定多数の当事者間で自由な取引が行われる場合に通常成立する価額」であれば，当該金額こそが相法22条に最も合致するものだ，ということになります。

　学習のポイントに即して本件を再度整理すると，①本件においては，所有権移転請求権等の債権的権利が相続税の課税財産であると判定され，②当該課税財産の価額は，「取得価額」をもって評価する，そして，この「取得価額」が相法22条にいうところの「時価」を適確に具現するものだ，ということになります。

この判決をどう読むか

☆第4講の事例との比較

　第4講と第4講補講の事例に係る事実関係を対比表にまとめてみました。

比較事項	第4講	第4講補講
被相続人の立場	売　主	買　主
農地法上の許可等	農地法5条第1項第3号の届出受理	農地法3条の許可申請中
相続財産	売買残代金債権	所有権移転請求権等の債権的権利
相続財産の評価	売買契約書に記載の金額	取得価額＝売買契約書に記載の金額

第4講では，相続開始前に農地法上の届出が受理されています
から，農地の所有権は正当に（法定条件を満たして）相手方（買主）
に移転したといえます。だからこそ，売主（被相続人）側として
は，売買契約における特約条項により，所有権移転の時期を残代
金支払の時まで引き延ばしておく必要があったのかもしれません。
最高裁は，「たとえ本件土地の所有権が売主に残っているとして
も，もはやその実質は売買代金債権を確保するための機能を有す
るにすぎないもの」であって，「上告人ら（及び配偶者）の相続
した本件土地の所有権は，独立して相続税の課税財産を構成しな
い」と判示しました。

　本件における特約に限らず，およそ特約というものは，民法の
大原則の一つである契約自由の原則の最たるものである，という
のが私の思いですから，あたかも特約の存在が無視されているか
のような最高裁の判断は，極めて厳しいものに思われます。

　これに対し，**第4講補講**では，農地法上の許可は申請中でした
から，農地の所有権は相手方（売主）に留保されていると考えら
れ，買主（被相続人）側の財産が農地の所有権であると主張する
ことは難しい気がします。もっとも，地裁の判断で気になるとこ
ろがありましたので，少し長くなりますが，改めて判決文を引用
して，考えたいと思います。

☆**第4講補講における地裁の判決より**

　地裁は，「農地所有権の移転には，農地法3条所定の許可を要
するが許可を得ていない段階においても，農地の売買契約自体は
もとより契約として有効であり，売買契約の成立と同時に，買主
は売主に対し，債権的請求権としての所有権移転請求権，所有権

移転登記手続請求権，所有権移転許可申請協力請求権を取得し，一方特段の事由の存しない限り，右契約と同時に代金支払義務を負担するに至るものと解するのが相当である。」と述べました。この点については，異論は全くありません。**第4講補講**における主張の違いを金額面で整理して検証してみましょう。

	原　告	裁判所
相続により取得した財産	本件土地の所有権	所有権移転請求権等
上記財産の価額	2,991,360円	19,651,470円
相続により承継した債務	未払残代金	未払残代金・仲介手数料
上記債務の価額	17,164,000円	17,651,470円
差し引き金額	▲14,172,640円	2,000,000円

　裁判所は，本件土地の所有権移転請求権等を取引価額で評価しましたが，未払残代金と未払仲介手数料を相続債務として認容していますから，結果的には支払済みの手付金相当額（200万円）だけが相続税の課税対象となります。被相続人の相続開始時の財布の中がどうなっていたかと考えてみると，残代金相当額と仲介手数料相当額は，現金または預貯金の形で手元に残っているはずであり，裁判所の判断は合理的だと思います。

　地裁は，事例へのあてはめのところで，「代金支払義務の発生は本件土地の所有権移転の時とするなどの約旨は存しないことが認められるから，右契約の成立と同時に，Ｂ株式会社に対して代金支払義務を負担するに至ったものというべきである。」と述べています。

　もし仮に，地裁のいう特約が存在したら，どうなるのでしょう？　代金支払義務の発生だけが，特約により所有権移転の時ま

で留保され，所有権移転請求権をはじめとする債権的請求権だけが契約時に発生する，ということになるのでしょうか？　もしそうだとすると，「売買代金残額及び未払仲介手数料は，相続開始時において，現存し，かつ確実と認められる相続債務であったとは到底認め難い。」という第一審における被告の主張が認められてしまうのではないでしょうか？

　第4講との比較で，もし特約があったら？　と思ったこともありますが，特約があっても意味がないこともあり，変な特約ならないほうがマシ，かもしれません。

第 5 講 相続財産である年金受給権及び毎年
支給される年金についての課税関係
【最高裁平成22年 7 月 6 日判決】

　今回の事例は，複数の税目についての論点があり，最高裁判決によって，その後の課税実務に大きな影響がありました。最大の論点は，相続税が課せられた年金受給権に基づいて毎年支給される年金に対して所得税が課税されるのは，所法 9 条 1 項15号（平成22年 3 月31日法律第 6 号改正前のもの。現行法では同条同項17号。以下同じ）に反するのではないか，という点です。そのほかの論点として，相続財産である年金受給権の財産評価のあり方（判決後，財産評価の方法が変更されました），毎年支給される年金を支払う際の生命保険会社等が負う源泉所得税徴収義務（判決後，徴収義務が免除されました）が挙げられます。

　いずれも実務においては重要な点ですが，学習のポイントは，次の点にしました。

学習のポイント

① 相続財産である年金受給権と，その年金受給権に基づいて毎年支給される年金は，どのような関係にあると考えるか，判決文から読み取る。

② 毎年支給される年金について所得税が課税される根拠は何か，理解する。

事実の概要

　納税者（上告人）Ｘ（以下「Ｘ」といいます）の夫（以下「夫」といいます）は，平成14年10月28日死亡しました。

　夫は，生前，Ａ生命保険相互会社（以下「Ａ生命」といいます）との間で，年金払特約付き生命保険契約を締結しました。夫が契約者ですから，夫が保険料を払います。被保険者（保険事故の対象者）が夫，保険金受取人がＸです（下図参照）。

　Ｘは，夫の死亡により，平成14年から同23年までの毎年10月28日に230万円ずつ特約年金を受け取る権利（以下「本件年金受給権」といいます）を取得しました。

　Ｘは，平成14年11月８日に，１回目の特約年金（以下「本件年金」といいます）として230万円をＡ生命から支払われましたが，その際，所法208条所定の源泉徴収税額22万0800円が控除されていました。

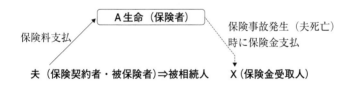

　Ｘは，平成15年２月21日，平成14年分の所得税について確定申告をし，同年８月27日に更正の請求をしました。その内容は次表のとおりです。ただし，本件年金については，確定申告においても更正の請求においても申告しませんでした。

	確定申告	更正の請求
総所得金額	227,707円	377,707円
課税総所得金額	0円	0円
源泉徴収税額	2,664円	223,464円
還付金の額	2,664円	223,464円

　本件年金については申告しませんでした，といいましたが，正しくは，所得として申告しませんでしたが，徴収された源泉所得税額22万0800円については，更正の請求において当初の申告額に加算しましたから，還付金の額が増えています。

　ちなみに，Xは，相続税の確定申告をしていて，本件年金受給権の価額を1380万円と評価（相法24条1項1号に基づいて計算）して，相続税の課税価格に算入していました。

　平成15年9月16日，長崎税務署長がXの平成14年分の所得税について更正をしましたが，所得控除の額に誤りがあったようで，平成16年6月23日に再更正します。再更正の金額は下表のとおりで，この処分を「本件処分」といいます。

	本件処分
雑所得の金額	2,208,000円
総所得金額	2,585,707円
課税総所得金額	320,000円
源泉所得税額	223,464円
還付金の額	197,864円

雑所得の計算
収入金額230万円から
必要経費9万2千円を控除

判　　旨

　最高裁の判決文を引用しますが，長くなりますので，先にポイ

ントを整理しておきます。

判旨のポイント

① 相法3条1項1号により，相続により取得したものとみなされる保険金には，年金の方法により支払を受けるものも含まれ，年金の方法により支払を受ける場合の保険金とは，基本債権としての年金受給権をいう。

② 基本債権としての年金受給権は，相法24条1項所定の定期金給付契約に関する権利に当たり，本件の場合は有期定期金債権（10年間）に当たるから，同条同項1号の規定により，その残存期間に応じ，その残存期間に受けるべき年金の総額に同号所定の割合を乗じて計算した金額が当該年金受給権の価額となる。

　　この価額は，当該年金受給権の取得の時における時価（相法22条)，すなわち，将来にわたって受け取るべき年金の金額を被相続人死亡時の現在価値に引き直した金額の合計額に相当する。

③ 将来にわたって受け取るべき年金の金額を被相続人死亡時の現在価値に引き直した金額の合計額と，残存期間に受けるべき年金の総額との差額は，各年金の現在価値をそれぞれ元本とした場合の運用益の合計額に相当するものである。

　　第1回目の年金は，その支給額と被相続人死亡時の現在価値とが一致する，つまり，運用益が発生しないから，所得税法9条1項15号の規定により所得税は非課税となる。

　最高裁は，上記ポイント①及び②について，次のように述べました。

「相続税法3条1項1号は，被相続人の死亡により相続人が生命保険契約の保険金を取得した場合には，当該相続人が，当該保険金のうち被相続人が負担した保険料の金額の当該契約に係る保険料で被相続人の死亡の時までに払い込まれたものの全額に対する割合に相当する部分を，相続により取得したものとみなす旨を定めている。」

この部分はわかりますね。死亡という保険事故が発生した場合，生命保険契約に基づいて，保険金受取人に死亡保険金が支払われるが，これはみなし相続財産となる，ただし，被相続人以外の人が負担した保険料の金額に相当する部分の保険金は，みなし相続財産の額から除かれる，ということです。

「上記保険金には，年金の方法により支払を受けるものも含まれると解されるところ，年金の方法により支払を受ける場合の上記保険金とは，基本債権としての年金受給権を指し，これは同法24条1項所定の定期金給付契約に関する権利に当たるものと解される。

そうすると，年金の方法により支払を受ける上記保険金（年金受給権）のうち有期定期金債権に当たるものについては，同項1号の規定により，その残存期間に応じ，その残存期間に受けるべき年金の総額に同号所定の割合を乗じて計算した金額が当該年金受給権の価額として相続税の課税対象となるが，この価額は，当該年金受給権の取得の時における時価（同法22条），すなわち，将来にわたって受け取るべき年金の金額を被相続人死亡時の現在価値に引き直した金額の合計額に相当し，その価額と上記残存期間に受けるべき年金の総額との差額は，当該各年金の上記現在価値をそれぞれ元本とした場合の運用益の合計額に相当するものとして規定されているものと解される。」

☆みなし相続財産である「年金受給権」とその評価

　私のことばでいい変えると，こんな感じです。

　みなし相続財産とされる保険金には，一時払いのものだけでなく，年金支給のものも含まれますが，年金支給の場合の「保険金」とは，分割払いされる個々の年金ではなく，分割払いされる個々の年金の総体（総額）を基本債権とする「年金受給権」となります。

　そして，「年金受給権」は，相法24条１項の定期金給付契約に関する権利にあたり，契約に定められた年金支給期間によって，終身とか，有期でも５年，10年など複数のバージョンがあるので，同条同項に定められているとおりに評価することにより，相続開始時（当該年金受給権の取得の時）における時価（相法22条）を決定します。

　こうして決定された「時価」は，将来にわたって受け取るべき年金の金額を，被相続人死亡時の現在価値に引き直した金額の合計額に相当します。これは，そうですよね。10年後に受け取れる100万円を，今日，受け取るとすると，利息分が差し引かれて，たとえば95万円（利率の設定によります）にしかならない，という考え方です。

　ですから，相法24条１項所定の規定により評価された年金受給権の価額は，当然，相続人が受け取る年金の総額とは一致せず，**相法24条１項による年金受給権の価額＜実際に支給される年金の総額**となります。

☆所法９条１項15号の非課税所得

　さぁ，問題は次です。最高裁は，（実際に支給される年金の総

額－相法24条1項による年金受給権の価額）＝運用益，というのです。運用益（さきほどの説明では利息分といいましたが）だといってしまうことはいいのですが，このことが相続税法に「規定されている」のでしょうか。

ここでは，私の疑問だけを提示しておくことにして，所法9条1項についての最高裁の判断を確認しましょう。

「所得税法9条1項は，その柱書きにおいて『次に掲げる所得については，所得税を課さない。』と規定し，その15号において『相続，遺贈又は個人からの贈与により取得するもの（相続税法の規定により相続，遺贈又は個人からの贈与により取得したものとみなされるものを含む。）』を掲げている。同項柱書きの規定によれば，同号にいう『相続，遺贈又は個人からの贈与により取得するもの』とは，相続等により取得し又は取得したものとみなされる財産そのものを指すのではなく，当該財産の取得によりその者に帰属する所得を指すものと解される。そして，当該財産の取得によりその者に帰属する所得とは，当該財産の取得の時における価額に相当する経済的価値にほかならず，これは相続税又は贈与税の課税対象となるものであるから，同号の趣旨は，相続税又は贈与税の課税対象となる経済的価値に対しては所得税を課さないこととして，同一の経済的価値に対する相続税又は贈与税と所得税との二重課税を排除したものであると解される。」

う～ん，少し難しくありませんか。所法9条1項15号の「相続，遺贈又は個人からの贈与により取得するもの」には所得税が課税されないわけですが，括弧書きで，「相続税法の規定により相続，遺贈又は個人からの贈与により取得したものとみなされるもの」が含まれることになっていて，「保険金」がまさしく「みなされ

るもの」ですね。そして，本件における「保険金」は先に述べたとおり「基本債権としての年金受給権」です。だから，この「基本債権としての年金受給権」に相続税が課税された場合は，所得税は課税されないのですが，最高裁は，「財産そのものを指すのではなく，当該財産の取得によりその者に帰属する所得を指す」と言っていますから，「基本債権としての年金受給権」の取得によりその者（相続人）に帰属する所得というのは，毎年支給される「年金」ということになりませんかね。

　もし，そうだとすると，毎年支給される「年金」も全部非課税となると，私は思うのですが。

　最高裁の結論は，次のとおりです。

　「これらの年金の各支給額のうち上記現在価値に相当する部分は，相続税の課税対象となる経済的価値と同一のものということができ，所得税法9条1項15号により所得税の課税対象とならないものというべきである。

　本件年金受給権は，年金の方法により支払を受ける上記保険金のうちの有期定期金債権に当たり，また，本件年金は，被相続人の死亡日を支給日とする第1回目の年金であるから，その支給額と被相続人死亡時の現在価値とが一致するものと解される。そうすると，本件年金の額は，すべて所得税の課税対象とならないから，これに対して所得税を課することは許されないものというべきである。」

　やはり難しくないですか。本件は，第1回目の年金についての所得税課税の取消しを求めていた訴訟です。ですから，第1回目の年金は，相続税の課税対象となる経済的価値と同一だから非課税だ，といってもらうことにより勝訴したわけです。じゃあ，2

回目からは？　ということになると，私は，この判決文からはわからないのでは？　と思っています。ただ，世の中の頭のいい方々は，第2回目以降の年金については運用益が発生するから，相続税の課税対象となる経済的価値と同一とはいえなくなり，少なくともその運用益に所得税を課税するのは問題ないだろう，というふうに，この最高裁の判決文を読むようですよ。続きは次の項で検討します。

この判決をどう読むか

☆定期金に関する評価の見直し

　最高裁判決を受けて，課税庁は，定期金に関する評価の方法を見直しました。前項の最後のところでも述べましたが，2年目以降の年金について，少なくとも運用益に相当する部分に所得税を課税することについては，いわば最高裁からお墨付きを頂いたと考えたのでしょう，その計算方法を明らかにし，計算明細書も作成しました。現在は，国税庁のホームページの確定申告書等作成コーナーにおいて，この計算明細書を作成することができます。

　最高裁が，①改正前の相法24条1項1号は，「その価額〔年金受給権の取得の時における時価（同法22条），すなわち，将来にわたって受け取るべき年金の金額を被相続人死亡時の現在価値に引き直した金額の合計額〕と上記残存期間に受けるべき年金の総額との差額は，当該各年金の上記現在価値をそれぞれ元本とした場合の運用益の合計額に相当するものとして規定されている」と述べたことと，②「これらの年金の各支給額のうち上記現在価値に相当する部分は，相続税の課税対象となる経済的価値と同一のものということができ，所得税法9条1項15号により所得税の課税対象とならな

い」と述べたこととを併せ考えると，2回目以降に発生する運用益については，相続税の課税対象となる経済的価値と同一のものとはいえないから所得税の課税対象となるというふうに，課税庁はこの最高裁判決を読んだ，ということです。

国税庁ホームページのタックスアンサー「No.1620 相続等により取得した年金受給権に係る生命保険契約等に基づく年金の課税関係」のところに，支払期間10年の確定年金（旧相続税法対象年金）を例に挙げ，相続税が課税されたことから非課税となる部分を黄色で，運用益として所得税の課税対象となる部分を白で色分けした階段状の図が載っています。

☆私　見

ここから先は，例によって私の個人的な意見です。改正前の相法24条（後掲の参考資料参照）に，年金の総額との差額が運用益の合計額である旨が「規定されている」といえるでしょうか。生命保険金を年金方式で受給する場合は，一時払いで受け取る場合と異なり，このように評価します，ということだけを規定している，もっというと，この規定による評価額をもって，年金方式で受給する生命保険金は評価し尽くされているのではないでしょうか。そうだとすると，毎年受け取る年金に所得税を課税する，というのは相続税が課税された財産に所得税を課税することになり，明らかに二重課税だということになると思うのです。

私自身は全く偉そうなことをいえません。税務署員だった頃，あまり数は多くなかったと記憶していますが，生命保険契約に関する権利を取得した相続人が，翌年以降に受け取った年金に対して雑所得を課税してきました。言い訳になりますが，何の疑問も

感じなかった，というわけではありません。これって二重課税ではないの？　と思いつつ，保険会社から「支払調書」が送られてきますので，いわば漫然と課税してきたのです。

　この事件をサポートされた税理士の先生とお話しする機会がありました。「2年目以降も争っておくべきだったかなぁ……。」と，どこまでも謙虚におっしゃった姿を忘れることができません。

　この判決から学ぶことは，いつもながらのことですが，税法の条文をきちんと読む，ということだと思います。

参考資料

　判決時における関係法令を掲げておきます。

《相法3条1項1号（平成15年法律第8号による改正前のもの）》

　次の各号の一に該当する場合においては，当該各号に掲げる者が，当該各号に掲げる財産を相続又は遺贈により取得したものとみなす。この場合において，その者が相続人（相続を放棄した者及び相続権を失った者を含まない。第15条〔遺産に係る基礎控除〕，第16条〔相続税の総額〕，第19条の2第1項〔配偶者に対する相続税額の軽減〕，第19条の3第1項〔未成年者控除〕，第19条の4第1項〔障害者控除〕及び第63条〔相続人の数に算入される養子の数の否認〕の場合並びに「第15条第2項に規定する相続人の数」という場合を除き，以下同じ。）であるときは当該財産を相続により取得したものとみなし，その者が相続人以外の者であるときは当該財産を遺贈により取得したものとみなす。

一　被相続人（遺贈者を含む。以下同じ。）の死亡により相続人その他の者が生命保険契約（これに類する共済に係る契約で政令で定めるものを含む。以下同じ。）の保険金（共済金を含む。以下

同じ。）又は損害保険契約（これに類する共済に係る契約で政令で定めるものを含む。以下同じ。）の保険金（偶然な事故に基因する死亡に伴い支払われるものに限る。）を取得した場合においては，当該保険金受取人（共済金受取人を含む。以下同じ。）について，当該保険金（次号に掲げる給与及び第5号又は第6号に掲げる権利に該当するものを除く。）のうち被相続人が負担した保険料（共済掛金を含む。以下同じ。）の金額の当該契約に係る保険料で被相続人の死亡の時までに払い込まれたものの全額に対する割合に相当する部分

《相法22条（平成15年法律第8号による改正前のもの）》

この章で特別の定のあるものを除く外，相続，遺贈又は贈与に因り取得した財産の価額は，当該財産の取得の時における時価により，当該財産の価額から控除すべき債務の金額は，その時の現況による。

《相法24条1項（平成22年法律第6号による改正前のもの）》

定期金給付契約で当該契約に関する権利を取得した時において定期金給付事由が発生しているものに関する権利の価額は，次に掲げる金額による。

一　有期定期金については，その残存期間に応じ，その残存期間に受けるべき給付金額の総額に，次に定める割合を乗じて計算した金額。ただし，1年間に受けるべき金額の15倍を超えることができない。

　　　残存期間が5年以下のもの　　　　　　　100分の70
　　　残存期間が5年を超え10年以下のもの　　100分の60
　　　残存期間が10年を超え15年以下のもの　 100分の50
　　　残存期間が15年を超え25年以下のもの　 100分の40
　　　残存期間が25年を超え35年以下のもの　 100分の30
　　　残存期間が35年を超えるもの　　　　　　100分の20

二　無期定期金については，その1年間に受けるべき金額の15倍に相当する金額

三　終身定期金については，その目的とされた者の当該契約に関する権利の取得の時における年齢に応じ，1年間に受けるべき金額に，次に定める倍数を乗じて算出した金額

25歳以下の者	11倍
25歳を超え40歳以下の者	8倍
40歳を超え50歳以下の者	6倍
50歳を超え60歳以下の者	4倍
60歳を超え70歳以下の者	2倍
70歳を超える者	1倍

四　第3条第1項第5号に規定する一時金については，その給付金額

《所法9条1項15号（平成22年法律第6号による改正前のもの）》

相続，遺贈又は個人からの贈与により取得するもの（相続税法（昭和25年法律第73号）の規定により相続，遺贈又は個人からの贈与により取得したものとみなされるものを含む。）

《所法207条（平成18年法律第10号による改正前のもの）》

居住者に対し国内において第76条第3項第1号から第4号まで（生命保険料控除）に掲げる契約，第77条第2項（損害保険料控除）に規定する損害保険契約等その他政令で定める年金に係る契約に基づく年金の支払をする者は，その支払の際，その年金について所得税を徴収し，その徴収の日の属する月の翌月10日までに，これを国に納付しなければならない。

《所法208条》

前条の規定により徴収すべき所得税の額は，同条に規定する契約に基づいて支払われる年金の額から当該契約に基づいて払い込まれた保険料又は掛金の額のうちその支払われる年金の額に対応するものとして政令で定めるところにより計算した金額を控除した金額に100分の10の税率を乗じて計算した金額とする。

《所法209条（平成23年法律第82号による改正前のもの）》

第207条（源泉徴収義務）に規定する契約に基づく年金の年額から当該契約に基づいて払い込まれた保険料又は掛金の額のうち当該年額に対応するものとして政令で定めるところにより計算した金額を控除した金額が政令で定める金額に満たない場合には，当該年金については，同条の規定にかかわらず，所得税を徴収して納付することを要しない。

雑談タイム　4　福岡高裁は課税庁に軍配

この判決の原審（福岡高裁平成19年10月25日判決）は，課税庁が勝訴しています。判決文から少し引用してみます。

「本件年金受給権は，乙を契約者及び被保険者とし，被控訴人〔納税者Ｘ〕を保険金受取人とする生命保険契約（本件保険契約）に基づくものであり，その保険料は保険事故が発生するまで乙が払い込んだものであって，年金の形で受け取る権利であるが，乙の相続財産と実質を同じくし，乙の死亡を基因として生じたものであるから，相続税法3条1項1号に規定する『保険金』に該当すると解される。そうすると，被控訴人は，乙の死亡により，本件年金受給権を取得したのであるから，その取得は相続税の課税対象となる。」

「被控訴人は，将来の特約年金（年金）の総額に代えて一時金を受け取るのではなく，年金により支払を受けることを選択し，特約年金の最初の支払として本件年金を受け取ったものである。本件年金は，10年間，保険事故発生日の応当日に本件年金受給権に基づいて発生する支分権に基づいて，被控訴人が受け取った最初の現金というべきものである。そうすると，本件年金は，本件年金受給権とは法的に異なるもので

あり，乙の死亡後に支分権に基づいて発生したものであるから，相続税法3条1項1号に規定する『保険金』に該当せず，所得税法9条1項15号所定の非課税所得に該当しないと解される。したがって，本件年金に係る所得は所得税の対象となるものというべきである。」

「本件年金は，本件年金受給権とは法的に異なる」って，すごい判断だと思いませんか。もちろん，この結論に至る前に，「本件年金は，……本件年金受給権に基づいて発生する支分権に基づいて，被控訴人が受け取った最初の現金」だから，という理由が述べられているのですが，「支分権」って何でしょうかねぇ。

雑談タイム　5　税務上の取扱いの変更

　この判決を受けて，課税庁は，平成22年10月に，相続等に係る生命保険契約等に基づく年金（以下「保険年金」といいます）の税務上の取扱いを変更しました。変更に伴い，保険年金受給者に対する過去の課税関係について，二つの制度を設けました。

　一つは，平成20年分以後の各年分において，保険年金を受給していた人を対象とする更正の請求や確定申告（還付申告）制度で，他の一つは，特別還付金制度と呼ばれる制度です。

　国税庁は，「相続又は贈与等に係る生命保険契約や損害保険契約等に基づく年金の税務上の取扱いの変更について」と題するリーフレットを発行して，概略，次のような説明をしています。なお，当該リーフレットは，現在でも国税庁ホームページの所定の箇所

に掲載されており，閲覧可能です。

・　遺族の方が受給している相続等に係る生命保険契約等
に基づく年金の税務上の取扱いについては，最高裁判決
により平成22年10月に変更されています。
・　該当する年金については，源泉徴収の対象とされてい
ますが，受給を受けた初年度は非課税となり，課税され
る金額は，経過年数によって変わり，申告することで税
金が還付される場合があります。

リーフレットの最下段には，次の記載があります。

これにより，平成12年分から平成18年分の各年分の所得税
額が納めすぎとなっている方については，平成24年6月29日
までにお手続きをしていただくことで，納めすぎとなってい
る所得税額に相当する額（特別還付金）が支給されます。

　要するに，5年以内の納めすぎの税金については，既存の国税
通則法及び国税徴収法の規定に基づいて，更正の請求あるいは確
定申告という方法により税額を是正することができるけれども，
5年を超えた分については，どうすればいい？　という問題を解
決するために，「特別還付金」という是正手段を設けることにした
のです。

　私も，慌てて対象者をピックアップしましたが，思ったより対
象者がおられず，手続きしたのは，結局，お一人だった記憶があ
ります。

　申告期限の迫る2012（平成24）年9月3日付けの毎日新聞によ
ると，還付総額は160億円に，という見出しが躍っています。記事
を引用します。「国税庁によると00～09の還付状況は，今年3月
末までで約6万件，約160億（大阪国税局管内では約9000件，約

27億円）に上る。うち，財務省が60〜90億円と試算していた過去
5年分は約100億円で，想定を上回っている。」

記事には，「国税庁は手続きを急ぐよう呼びかけている」との記述もありますが，国税庁のメッセージが対象者にどの程度届いたのかは疑問です。それにしても，遠い過去の話になってしまいました。

現行の相法24条（定期金に関する権利の評価）は，この判決を受けて改正されたものです。文言の記載は省略しますが，参考資料に掲げた旧法と比較してみてください。評価方法が随分と違っていることに驚くかもしれません。

雑談タイム　6　年金支払時の源泉徴収義務の免除

参考資料を確認していただきたいのですが，生命保険会社等が年金を支払う際には，所法209条に該当する場合を除き，所法207条に基づき，源泉所得税を徴収しなければなりませんでした。ところが，この209条を改正して，生命保険会社等が源泉徴収することを要しないとしたのです（所法209条2号，所法施行令326条6項）。法律の新旧対照表は，財務省のホームページで見ることができますから探してみてください。

改正理由はわかりませんが，判決を受けて，定期金に関する評価方法が見直され，雑所得の計算方法も明確にされたことから，生命保険会社等になお，源泉徴収義務を負わせるのか？　といった批判が出てきたからかもしれません。

第6講　相続税の非課税財産とされる庭内神し

【東京地裁平成24年6月21日判決】

　相続税の非課税財産については，相法12条に規定があり，1項3号[1]及びこれに関連する2項[2]を除いては，あまり紛争事例となった記憶がありません。

　ここで採りあげる判決は，「墓所，霊びょう及び祭具並びにこれらに準ずるもの」（1項2号）にあたるかどうかが判断されたものです。比較的新しい判決ですし，興味深い論点もあります。

学習のポイント

　具体的な事件を通じて，相法12条1項2号（以下「本件非課税規定」といいます）の解釈について，原告と被告の主張の違いを明確にし，裁判所の判断を正確に把握する。

　関係法令及び通達の定めを先に確認しておきましょう。

関係法令及び通達の定め

　相法12条1項柱書から確認しましょう。

1）「宗教，慈善，学術その他公益を目的とする事業を行う者で政令で定めるものが相続又は遺贈により取得した財産で当該公益を目的とする事業の用に供することが確実なもの」
2）「前項第3号に掲げる財産を取得した者がその財産を取得した日から2年を経過した日において，なお当該財産を当該公益を目的とする事業の用に供していない場合においては，当該財産の価額は，課税価格に算入する。」

《相法12条1項》

　次に掲げる財産の価額は，相続税の課税価格に算入しない。

一　〔略〕

二　墓所，霊びょう及び祭具並びにこれらに準ずるもの

　要するに，「墓所，霊びょう及び祭具並びにこれらに準ずるもの」の価額は，相続税の課税価格に算入しない，ということですが，「これらに準ずるもの」って何でしょうか。関係通達（平成25年1月31日改正前のもの）を確認しましょう。

〔相基通12-1　（「墓所，霊びょう」の意義）〕

　法第12条第1項第2号に規定する「墓所，霊びょう」には，墓地，墓石及びおたまやのようなもののほか，これらのものの尊厳の維持に要する土地その他の物件をも含むものとして取り扱うものとする。

〔相基通12-2　（祭具等の範囲）〕

　法第12条第1項第2号に規定する「これらに準ずるもの」とは，庭内神し，神たな，神体，神具，仏壇，位はい，仏像，仏具，古墳等で日常礼拝の用に供しているものをいうのであるが，商品，骨とう品又は投資の対象として所有するものはこれに含まれないものとする。

　通達には，「庭内神し」が含まれています。何が問題となったのでしょう。

事実の概要

　平成19年3月16日に，被相続人（以下「亡乙」といいます）の相続が開始します。亡乙の相続人は，長男（以下「原告」といいます），二男及び三男の3名です。

相続財産の一つである一筆の土地の一部分に，弁財天と稲荷を
祀った祠（以下「本件各祠」といいます）が建っていて，この祠の
敷地部分（以下「本件敷地」といいます）も含めて，原告は，相法
12条1項2号の非課税財産であるとして，申告及び更正の請求を
したのですが，税務署長が，本件各祠も本件敷地もいずれも非課
税財産にあたらないとしたため，争いになりました。

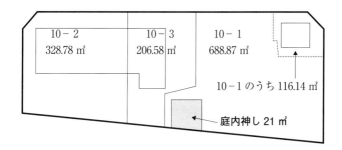

亡乙の相続財産には宅地が2筆あり，それぞれの面積は572.73
㎡と116.14㎡（ただし持分100分の67）だということです。ちょっと
はっきりしない部分があるのですが，図の右上隅の部分が116.14
㎡です。

　もう一つの572.73㎡というのは，宅地全体の面積890.15㎡のう
ち，マンションの敷地となっている206.58㎡と先ほどの116.14㎡
を控除した546.43㎡（自宅）と庭内神し（21㎡）との合計だという
ことですが，私の計算とは合いません。面積は問題となりません
から，ここはスルーしてください。

　処分に至った詳細な経緯は省略します。また，この事件では，
争点が二つあって，一つめが本件敷地の非課税財産該当性，二つ
めが本件敷地の課税価格の問題です。裁判所は一つめの争点につ

いてのみ判断しましたので，ここでも一つめの争点に絞り，まずは，原告と被告の主張を整理します。

原告の主張

☆非課税財産の範囲

　原告はまず，「『墓所』とは，墳墓のみならずその尊厳維持のための土地を含めた一体の財産を意味し，また，『霊びょう』とは，単に祖先の霊を祀った屋舎及びその尊厳維持のための土地を含めた一体の財産を意味するものと解される（霊びょうは，遺体・遺骨が葬ってあることは必要ではない。）。」と述べました。そして，「本件非課税規定の文理からすると，非課税財産として『墓所に準ずるもの』，『霊びょうに準ずるもの』がそれぞれ定められていると解されるところ，『墓所』や『霊びょう』の定義が上記のとおり解されているのも，国民が『墓所』や『霊びょう』だけでなくこれと機能的に一体となっている敷地部分も併せて畏敬の対象としているという国民の法感情を保護する目的に出たものであることに鑑みれば，『墓所に準ずるもの』，『霊びょうに準ずるもの』とは，『墓所』や『霊びょう』に準ずる礼拝対象施設については，当該礼拝対象施設だけを指すのではなく，これと機能的に一体となってその尊厳維持のために一つの場を形成している敷地部分も含むものと解される。」と主張しました。

　被告の反論をみないと，わかりにくいかもしれませんが，原告は，本件非課税規定における「並びにこれらに準ずるもの」の読み方としては，「墓所及び墓所に準ずるもの」，「霊びょう及び霊びょうに準ずるもの」，「祭具及び祭具に準ずるもの」というふうに，一つ一つにかかっていく，ということを主張したいのでしょ

うね。「これらに」と複数形になっていますから，この読み方が間違っているとも思えないのですが，その正誤はともかくとして，もう少し原告の主張をみましょう。

☆本件各祠及び本件敷地について

(1) **本件各祠について**　原告は，「本件各祠に祀られている弁財天は，原告の先祖の女性が一族の繁栄を願って自ら弁財天となったものと伝承されており，弁財天を祀った祠は，祖先の霊を祀った屋舎に他ならないから霊びょうに該当する。」「本件各祠に祀られている稲荷は，原告の先祖が分家するに当たって，家の屋敷神（宅地内の一隅や宅地続きの小区画に祀られた神をいう。）・守護霊として，稲荷を分祀したものと伝承されており，稲荷を祀った祠は，原告一族の守護霊を祀ったものとして，墓所ないし霊びょうに準ずるものとして『これらに準ずるもの』に該当する。」と述べました。

弁財天や稲荷の由来については拝聴するしかないのですが，霊びょうに該当するもの（弁財天），墓所ないし霊びょうに準ずるものに該当するもの（稲荷）である，という主張でしょうね。

(2) **本件敷地について**　原告は，「本件敷地は，代々本件各祠とともに承継されている土地であり，本件各祠の他に鳥居が設置され，また，その鳥居から本件各祠に至るまで，石造りの参道が敷設されていて本件敷地以外の〔中略〕土地とは外形的に異なった神社の境内地と同様の外観を有していることからすると，本件敷地，本件各祠，鳥居等が機能的に一体となって，原告の先祖である弁財天及び原告一族の守護神である稲荷を祀る畏敬の場が作出されているといえる。」「本件敷地は，霊びょうや霊びょうに

準ずるものということができ，非課税財産に該当する。」と述べました。

　キーワードは，「本件敷地，本件各祠，鳥居等が機能的に一体となって，畏敬の場が作出されている」ですね。通達（納税者は通達には拘束されないとしても）にも，「これらのものの尊厳の維持に要する土地その他の物件をも含むものとして取り扱う」とある以上，原告の主張を覆すのは厳しそうな気がするのですが，被告の主張はどうだったのでしょうか。

被告の主張

☆非課税財産の範囲

　被告は，相基通12‑1及び12‑2について，次のように述べました。

> 　「『墓所，霊びょう』とは，祖先の遺体や遺骨を葬っている又は祖先の霊を祀っている祖先祭祀のためのものをいい，民法897条1項の『墳墓』に相当する概念である。『墳墓』については，墓石等の設備が設置されている敷地も当該設備に準じて祖先の祭祀を主宰すべき者に承継するとされていることから，『墓所，霊びょう』についても，『墳墓』と同様に，墓石等の設備だけではなく，その尊厳の維持に要する土地が含まれ，非課税財産とされている（基本通達12‑1参照）。」

　民法897条1項の「墳墓」を持ち出した点が少し気になりますが，先に進めましょう。

「本件非課税規定にいう『これらに準ずるもの』とは，原告が主張するように『墓所に準ずるもの』は何か，『霊びょうに準ずるもの』は何かというような観点から定められたものではなく，『墓所，霊びょう及び祭具』には該当しないものの，神仏が祀られるなどして日常礼拝の対象となっているものについて，国民感情に配意して非課税財産として定められたものであって，商品又は骨とう品として所有するものを除き，神仏を祀り，日常礼拝の用に供されている財産を指し，具体的には庭内神し，神たな，神体，神具，仏壇，位はい，仏像，仏具，古墳等がこれに当たると解される（基本通達12－2参照）。そして，庭内神しについては，日常礼拝の対象となっているのは，ご神体及びそれを祀る建物としての庭内神しそのものであって，その敷地は含まないから，庭内神しの敷地については，『これらに準ずるもの』には該当しない。」

　う〜ん，どうでしょう，最初に通達を確認したとき，通達番号の横に「祭具等の範囲」と何気なく書いてしまったのですが，被告は，「これらに準ずるもの」を「祭具等」と考えているのかもしれません。古墳が「祭具」か？　という点は気になるのですが，除外されるものとしての「商品，骨とう品又は投資の対象として所有するもの」というとき，物体というか物件としての「祭具」という感じがします。
　「ご神体及びそれを祀る建物としての庭内神しそのもの」は「祭具等」になるので，商品，骨とう品又は投資の対象として所有するものでなければ，相続税の非課税財産となる，しかし，庭内神しの敷地は「祭具等」ではないので非課税財産にはならない，というふうになるのかもしれません。被告の主張に対する私の理解が間違っている可能性は低くありませんが，果たして被告の主

張のとおりなのでしょうか。

☆本件各祠及び本件敷地について

「本件各祠は，①弁財天及び②稲荷を祀っているものにすぎず，祖先の遺体や遺骨を葬っている設備ではない上，①弁財天は，音楽・弁才・財福等をつかさどる女神で，日本において古来から信仰されてきた七福神の一つであるという一般的理解からすると，原告が主張するような原告の先祖の女性の霊を祀ったものとはいい難いし，また，②稲荷も，五穀をつかさどる倉稲魂を祀るものであるという一般的理解からすると，原告主張の原告の一族の守護霊を祀ったものとの理解は整合しない（原告主張の参拝方法からも弁財天や稲荷の一般的理解を超えるものとはいえない。）。そうすると，本件各祠は，祖先の霊を祀る設備とはいえず，『墓所，霊びょう』には該当しないし，祖先の祭祀，礼拝の用に供されているわけでもないから，『庭内神し』や『神たな』のように，日常礼拝の用に供されている財産として本件非課税規定にいう『これらに準ずるもの』に該当するにすぎない。」

あれっ？　「『これらに準ずるもの』に該当するにすぎない。」といっていますが，これはどういうことでしょう？

「そして，日常礼拝の対象となっているのは，本件各祠それ自体であって，その敷地ではなく，『墓所，霊びょう』が祖先の遺体や遺骨を葬り，祖先に対する礼拝の対象となっていることと比較して，両者は性格を異にしているし，非課税財産とされている理由も異なるといえる。」

う〜ん，「墓所」というのは確かに敷地を含んでいる感じですが，そうだとしても，礼拝の対象は「その敷地ではなく」，むし

ろ墓石等ではないかという気がしますし，「霊びょう」だって，敷地を含んでいたとしても，礼拝の対象は「その敷地ではなく」という感じがするのですが，そんなふうに感じるのは私だけなのでしょうか。

　被告の主張は，「また，『これらに準ずるもの』の解釈に関する基本通達12−2も，『墓所，霊びょう』の解釈に関する基本通達12−1のように，『これらのものの尊厳の維持に要する土地その他の物件をも含むものとして取り扱うものとする。』とまで定めていないことからも，本件各祠の敷地は，『これらに準ずるもの』に当たらず，非課税財産に含まれないと解される。」と結ばれています。

　いやいや，課税庁は，「これらに準ずるもの」は，直前の「祭具」にだけ係るものと考えたから，相基通12−2を祭具等の範囲としているので，相基通12−1と同様の「これらのものの尊厳の維持に要する土地その他の物件をも含むものとして取り扱うものとする」という文言がない，と，いまさら言われてもなぁ，と私は思うのですが……。

判　　旨

　裁判所の判断を仰ぎましょう。かなり長くなってしまいますが，きっちり引用しておきます。

> 「相続税法12条1項柱書き及び同項2号（本件非課税規定）は，墓所，霊びょう及び祭具並びにこれらに準ずるものについては，その財産の価額につき，相続税の課税価格に算入しないものと定めて，これらの財産を相続税の非課税財産としている。」

ここまではいいですね。続いて民法の規定について述べられます。

> 「民法896条により，相続人は相続開始の時から被相続人の財産に属した一切の権利義務を承継するのが原則とされるが，同法897条１項は，祖先祭祀，祭具承継といった伝統的感情的行事を尊重して，系譜，祭具及び墳墓の所有権は，同法896条の規定にかかわらず，慣習に従って祖先の祭祀を主宰すべき者がこれを承継するとしている。」

　そうなのです，祭祀の承継については，おそらく被相続人の意向が最も尊重されるのでしょうけれど，そうでなければ慣習が優先するのです。家督相続の時代にあっては，祭祀も長男が承継するところが多かったかもしれませんが，仄聞したところでは，長野県では，今日でも一番末の子どもが祭祀を承継するそうです。一番末の子が長く生きるから，というのがその理由だそうです。裁判所の判断に戻りましょう。

> 「本件非課税規定は，民法897条１項の祭祀財産の承継の規定の精神にのっとり，また，民俗又は国民感情の上からも上記の物が日常礼拝の対象となっている点を考慮して定められたものと解される。」

　う～ん，民法897条１項は，系譜，祭具及び墳墓の所有権は，慣習に従って祖先の祭祀を主宰すべき者が承継する，といっているわけで，これは，相続人が複数ある場合には，被相続人の財産に属した一切の権利義務が共同相続されるという原則（民896条）の例外を規定したにすぎない，とは考えられないでしょうか。民俗又は国民感情を忖度して日常礼拝の対象となっているから，と

いう理由をつけて，墓所，霊びょう及び祭具並びにこれらに準ずるものを非課税財産とした，という相法12条1項柱書及び同項2号の規定に直結させないといけないのでしょうか？

裁判所の以下の判断は，ちょっとわかりづらいかもしれません。

「本件非課税規定やその他の関係法令をみても，本件非課税規定にいう『墓所，霊びょう及び祭具』や『これらに準ずるもの』の具体的な定義を定めた規定は特にない。しかし，本件非課税規定の『墓所』等の文言が有する通常の意義及び本件非課税規定の上記趣旨からすれば，〔以下，改行して少し読みやすくします〕

① 『墓所』とは一般に死者の遺骸や遺骨を葬った所をいい，遺体や遺骨を葬っている設備（墓石・墓碑などの墓標，土葬については埋棺など）を意味する民法897条1項にいう『墳墓』に相当するものと解され，民法上，当該設備の相当範囲の敷地は，墳墓そのものではないものの，これに準じて取り扱うべきものと一般に解されていることも併せ考慮すると，『墓所』は，墓地，墓石等の墓標のほか，これらのものの尊厳の維持に要する土地その他の物件を含むと解するのが相当である。また，

② 『霊びょう』とは一般に祖先の霊を祀った屋舎をいい，必ずしも遺体や遺骨の埋葬を伴う施設ではないものの，広い意味で民法897条1項にいう『墳墓』に相当するものと解され，『墓所』と比較しても祖先崇拝・祭祀等の目的や機能上の点で異なることはないことからすると，上記①と同様に，『霊びょう』は，祖先の霊を祀った屋舎のほか，その尊厳の維持に要する土地その他の物件を含むと解するのが相当である（したがって，基本通達12-1は，上記①及び②と同旨の解釈基準を示すものとして相当である。）。なお，

③ 『祭具』とは，民法897条1項にいう『祭具』と同様に，祖先の祭祀，日常礼拝の用に供される位はい，霊位，それらの従物など

をいうものと解される。

　以上を踏まえ，本件非課税規定にいう『これらに準ずるもの』の意義を検討すると，

　④『これらに準ずるもの』とは，その文理からすると，『墓所』，『霊びょう』及び『祭具』には該当しないものの，その性質，内容等がおおむね『墓所，霊びょう及び祭具』に類したものをいうと解され，さらに，相続税法12条1項2号が，上記のとおり祖先祭祀，祭具承継といった伝統的感情的行事を尊重し，これらの物を日常礼拝の対象としている民俗又は国民感情に配慮する趣旨から，あえて『墓所，霊びょう又は祭具』と区別して『これらに準ずるもの』を非課税財産としていることからすれば，截然と『墓所，霊びょう及び祭具』に該当すると判断することができる直接的な祖先祭祀のための設備・施設でなくとも，当該設備・施設（以下，設備ないし施設という意味で『設備』という。）を日常礼拝することにより間接的に祖先祭祀等の目的に結びつくものも含むものと解される。そうすると，『これらに準ずるもの』には，庭内神し（これは，一般に，屋敷内にある神の社や祠等といったご神体を祀り日常礼拝の用に供されているものをいい，ご神体とは不動尊，地蔵尊，道祖神，庚申塔，稲荷等で特定の者又は地域住民等の信仰の対象とされているものをいう。），神たな，神体，神具，仏壇，位はい，仏像，仏具，古墳等で日常礼拝の用に供しているものであって，商品，骨とう品又は投資の対象として所有するもの以外のものが含まれるものと解される（したがって，基本通達12-2は，これと同旨の解釈基準を示すものとして相当である。）。」

　かなり疲れますね。でも，この部分は，裁判所が非課税財産の範囲について判断している部分ですから，きちんと読み取っていきましょう。本件各祠が，本件非課税規定にいう「これらに準ず

るもの」に該当することは明らかで，この点について当事者間に
争いがない（そうでしたね）ことを確認しました。次に，本件各
祠の敷地（本件敷地）について，被告が「これらに準ずるもの」
に該当しないと主張したことについて，裁判所は次のように判断
しました。

　「確かに，庭内神しとその敷地とは別個のものであり，庭内神しの
移設可能性も考慮すれば，敷地が当然に『これらに準ずるもの』に
含まれるということはできない。しかし，〔中略〕本件非課税規定の
趣旨並びに『墓所』及び『霊びょう』の解釈等に鑑みれば，庭内神
しの敷地のように庭内神し等の設備そのものとは別個のものであっ
ても，そのことのみを理由としてこれを一律に『これらに準ずるも
の』から排除するのは相当ではなく，当該設備とその敷地，附属設
備との位置関係や当該設備の敷地への定着性その他それらの現況等
といった外形や，当該設備及びその附属設備等の建立の経緯・目的，
現在の礼拝の態様等も踏まえた上での当該設備及び附属設備等の機
能の面から，当該設備と社会通念上一体の物として日常礼拝の対象
とされているといってよい程度に密接不可分の関係にある相当範囲
の敷地や附属設備も当該設備と一体の物として『これらに準ずるも
の』に含まれるものと解すべきである。」

　裁判所は，というか，裁判所も，というべきかもしれませんが，
「庭内神し」は，「墓所」や「霊びょう」に比べて，簡単に移設が
できる，と考えているのでしょうね。上物が簡単に移設できるな
ら，その敷地は，原則として「これらに準ずるもの」ということ
はできないけれど，だからといって，そう簡単に「これらに準ず
るもの」から排除するのはよくない，二つの視点，つまり外形と
機能とから，「庭内神し」と社会通念上一体の物として日常礼拝

の対象とされているといってよい程度に密接不可分の関係にある
相当範囲の敷地や附属設備は，「これらに準ずるもの」に含まれ
る，としたわけです。

　以上が，裁判所が考える非課税財産あるいは非課税財産と判定
するための要件で，キーワードは外形と機能です。そして，裁判
所は，この要件を本件各祠及び本件敷地へ当てはめて，結果，
「本件各祠及び本件敷地の外形及び機能に鑑みると，本件敷地は，
本件各祠と社会通念上一体の物として日常礼拝の対象とされてい
るといってよい程度に密接不可分の関係にある相当範囲の敷地と
いうことができ」，「本件敷地は，本件非課税規定にいう『これら
に準ずるもの』に該当するということができる。」と判断しまし
た。

この判決をどう読むか

　地価の高いところにある私有地内の，いわゆる「庭内神し」の
敷地って，それだけでも交換価値あるよね，と思うのは僻み根性
でしょうか。前項では省略してしまいましたが，裁判所は，本件
各祠が原告の父よりも相当以前の100年程度前に本件敷地に建立
されたこと，祭事を行う際にはのぼりを本件敷地に立てて，現に
日常礼拝・祭祀の利用に直接供されている事実を認定しています。

　相続開始の日が近いと知って，慌てて「庭内神し」を作っても
ダメなんでしょうね，と発言した院生がいました。たしかに，建
立の経緯はチェックされるかもしれません。

　この判決を受けて，国税庁は，庭内神しの敷地等に係る相続税
の取扱いを変更し，その旨を質疑応答事例に公表しました。なぜ，
通達を改正せず，質疑応答事例としての公表なのか，理解しがた

い面もありますが，現在は，以下のように取り扱われています。

庭内神しの敷地等＊【回答要旨】

　いわゆる「庭内神し」の敷地やその附属設備については，ただちに相続税の非課税財産に該当するとは言えません。しかし，①「庭内神し」の設備とその敷地，附属設備との位置関係やその設備の敷地への定着性その他それらの現況等といった外形や，②その設備及びその附属設備等の建立の経緯・目的，③現在の礼拝の態様等も踏まえた上でのその設備及び附属設備等の機能の面から，その設備と社会通念上一体の物として日常礼拝の対象とされているといってよい程度に密接不可分の関係にある相当範囲の敷地や附属設備である場合には，その敷地及び附属設備は，その設備と一体の物として相続税の非課税財産に該当します。

＊国税庁ホームページ／法令等／質疑応答事例／相続税・贈与税

　https://www.nta.go.jp/law/shitsugi/sozoku/04/02.htm（最終確認日；

　2022年4月6日）

第7講 連帯保証債務は「確実な債務」に当たらない?!
【東京高裁平成12年1月26日判決】

　相続の一般的効力である「相続人は，相続開始の時から，被相続人の財産に属した一切の権利義務を承継する。」(民896条本文)からすると，一般的には債務も承継の対象となります。ただ，身元保証といった個人の信頼関係に基づいて契約され，保証の内容が不確定であるものについては，一身専属性が強く，承継の対象とされないとする古い判例(大審院昭和18年9月10日判決)があります。

　また，相続税法においては，債務控除を認めつつ(相法13条)，債務は「確実と認められるものに限る」(相法14条1項)と，一定の限定がされています。

　本講では，連帯保証債務について争われた事例を採りあげますが，相続税の課税価格を計算する際に控除すべき債務にあたるか否かが争われただけではなく，相続財産である出資を評価する場合に控除すべき債務にあたるか否かが争われています。裁判所は，相続財産である出資を評価する場合にも，控除すべき連帯保証債務は相続開始時において「確実と認められるものに限る」と判断しました。ここでは，被相続人が相続開始時に負っている連帯保証債務が，被相続人の相続税の課税価格の計算において債務控除の対象となるか否か，という点に絞って検討することにします。

事実の概要

平成 5 年 3 月 8 日，相続人 X は，被相続人 P（平成 4 年 9 月 9 日相続開始，相続人は X ほか 8 名）の相続税について，課税価格を 4 億8339万2000円，相続税額を 2 億2106万0100円とする確定申告をしました。被相続人 P の相続財産には，有限会社 A（以下単に「A」といいます）に対する出資を中心とする積極財産と，消極財産として60億円を超える連帯保証債務（以下「本件連帯保証債務」といいます）がありました。

平成 5 年12月13日，相続人 X は，相続税額を 2 億2326万円余りとする修正申告をしましたが，A に対する出資口数を過少に申告しているとして，税務署長 Y から平成 5 年12月27日付で相続税の更正処分及び過少申告加算税の賦課決定処分（以下「処分Ⅰ」といいます）を受けました。

平成 6 年 2 月25日，処分Ⅰに対して，相続人 X は異議申立てをするとともに，同年 3 月 8 日，相続税額を 1 億9444万円余りとする更正の請求（以下「本件更正の請求」といいます）をしました。本件更正の請求について，税務署長 Y は平成 6 年 7 月19日付で，理由がない旨の通知処分（以下「処分Ⅱ」といいます）をしました。

処分Ⅱに対しても，相続人Ｘは，平成6年9月14日に異議を申し立てました。

税務署長Ｙは，処分Ⅰと処分Ⅱに対する異議申立てをあわせ審理（通則法104条4項）し，平成6年12月13日，各異議をいずれも棄却する旨の決定をしました。

このあと，相続人Ｘは，国税不服審判所に対して審査を請求することになるのですが，審査請求の過程で，相続人Ｘの側に手続上の不備があったようです。詳細は割愛しますが，処分Ⅰについては，相続人Ｘが審査請求を経ずに訴訟をしたという理由により，原審（横浜地裁平成11年4月26日判決）で却下されています。

ここでは，処分Ⅱに係る控訴審の判断を検討しましょう。

被相続人ＰとＡ

次ページの図を参照してください。

株式会社Ｋと株式会社Ｄとを併せて「主たる債務者ら」といいますが，主たる債務者らは，それぞれ債権者ら（銀行6社＋商社，銀行4社）に対して，総額47億2763万円余りの債務を負っていました。これらの債務について，Ａは，自らが所有する不動産に根抵当権を設定していた，つまりＡは主たる債務者らの物上保証人になっていました。Ａの債務を「本件物上保証債務」といいます。

被相続人Ｐは，取引銀行との包括保証契約又は個別保証契約に基づき，主たる債務者らの債務につき連帯保証（前述のとおり約60億円）をしていました。これが，本件連帯保証債務の内容です。

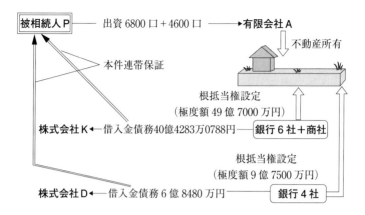

　なお，上図において，被相続人PのAに対する出資口数を6800口と4600口とに分けて表示していますが，これは，被相続人Pの生前に，Aの従業員3人に対して合計4600口の贈与があったとする相続人Xの主張を，税務署長Yが否認した事実を表しています。

判　　旨

　裁判所の判断を先に述べます。

　「本件相続開始当時，主たる債務者らが弁済不能の状態にあり，主たる債務者らの債権者らから，被相続人P（又はその相続人）の連帯保証債務の履行，相続人Xの物上保証債務の履行が確実に求められていたとは認められないし，右各債務を履行した場合に，両者に対する求償が不可能であったとも認められないから，右各債務をもって，相続税法14条1項に規定する『確実と認められる』債務に当たるとは認められない。」

裁判所は上記の結論に至るまでに，株式会社Kについて，経営状態，金融機関等との交渉状況，株式会社K本人の意向，会社整理開始申立て及びその履行を事実に基づいて検討しています。同様に株式会社Dについても，経営状態，金融機関等との交渉状況を事実に基づいて検討しています。

　では，そもそも裁判所は，本件連帯保証債務及び本件物上保証債務について，相続税法との関係をどのように考えているのでしょうか。次のように整理してみました。

> ①　「連帯保証債務及び物上保証債務は，主債務者が主たる債務を履行した場合には，保証人がその責任を免れる性質のものであるから，将来，保証人がその債務を履行することになるかどうかは確実ではなく，仮に，保証人が保証債務を履行したとしても，その履行による損失は，主債務者に対する求償権を行使することによりてん補されることが予定されている。」
>
> 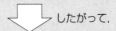 したがって，
>
> 「連帯保証債務及び物上保証債務は，原則として，同法14条1項に規定する『確実と認められる』債務には該当しない。」
> 　しかし，
>
> ②　「相続開始時において，主債務者が弁済不能の状態にある場合には，保証人において保証債務の履行をしなければならないことが確実である上，履行後に主債務者に対し求償権を行使して損失のてん補を受けることが不可能である」
>
> から，
>
> 「このような場合には，例外的に，連帯保証債務及び物上保証債務も確実な債務に該当するというべきである（相続税基本通

達14−5参照。）。」

　原則と例外が明確に示されています。では，例外にあたる「相続開始時に主たる債務者が弁済不能の状態にある場合」は，どのように判断されるのでしょうか。

　「主債務者が，相続開始当時，弁済不能の状態にあるか否かは，当該債務者について，破産，和議，会社更生又は強制執行等の手続が開始し，若しくは事業の閉鎖等により債務超過の状態が相当期間継続していて他からの融資を受ける見込みもなく，再起の目途が立たないなど，主債務者に対し求償権を行使しても，事実上回収不可能な状況にあることが客観的に認められるか否かにより判断するのが相当である。」

　裁判所は，「主債務者が弁済不能の状態にあるか否かの判断については，相続開始後の事情も間接事実として考慮することが許される」としていますが，これについては，「遺贈等の場合のように相続の開始があって初めて債務が発生するなどの特段の事情がない限り，右判断の基準時が相続開始時であることも明らかであり，相続開始後の一定時期を基準として，主債務者が弁済不能であったか否かを判断する余地はない」としています。「相続税法13条１項が，『被相続人の債務で相続開始の際現に存するもの』を相続財産の価額から控除すると規定し，同法22条『当該財産の価額から控除すべき債務の金額は，その時の現況による。』と規定している趣旨にかんがみ」て，というのが，その理由です。

　本件において，主たる債務者らと物上保証人であった A は，

以下のような状況だったようです。

事実の概要；主たる債務者ら（株式会社Ｋ及び株式会社Ｄ）とＡ

〔株式会社Ｋの状況〕

　　株式会社Ｋは，被相続人Ｐにより，昭和21年に個人商店として設立され，昭和28年に法人化された婦人服の製造・販売等を業とする株式会社でした。

　　昭和62年２月１日から平成５年12月31日までの各事業年度の財務状況は，概ね次のとおりでした。

　①　平成２年度までは売上総利益，税引前損益ともにプラスであり，平成３年度からこれらがマイナスに転じている。

　②　税引前損益は，平成３年度が１億7545万円余りのマイナスであったのが，平成４年度には24億5921万円余りと約14倍も増加している。

　③　平成３年度までの純資産の額はプラスであり，平成４年度に至って初めて１億4960万円余りのマイナスを計上し，平成５年度には約18倍の27億0169万円のマイナスに増加している。

　④　平成４年４月１日に分社の統合等による経営の効率化により，平成４年度において経常損失が４億5000万円余りと前年度よりやや改善したが，平成５年度には８億円余りに増大した。

　⑤　平成５年度は，子会社整理約32億0700万円余りを特別損失として計上する一方，固定資産売却益15億7200万円余りを特別利益として計上し，債務超過の額が大幅に拡大していることが明白となった。

　株式会社Ｋと金融機関等との交渉状況や株式会社Ｋ自身の意向等については割愛します。

　平成５年11月19日，株式会社Ｋは，東京地方裁判所に対し，会社整理開始決定及び保全命令を求める申立てをしました。平成

6年6月27日，株式会社K及びその監督者から提出された整理計画案に基づく整理の実行を命じる決定がなされ，それに従って弁済を続けている，というのが当該判決時の状況です。

株式会社Kの物上保証人であるAは，平成6年6月27日，整理計画案に基づき，所有不動産を49億7595万1000円で売却し，株式会社Kの債務合計38億2372万6160円を返済しました。整理計画案では，代位弁済に係る求償債権のうち，7億2000万円については Aの株式会社Kに対する立退料と相殺し，13億円については債権を放棄し，残余については劣後債権として，整理計画の終了1年前から株式会社Kと所要の協議をすることとされていました。

〔株式会社Dの状況〕

株式会社Dは，昭和60年9月1日，株式会社Kのデザイン部門を独立させ，事実上新会社として発足したアパレル製品の製造販売を業とする会社で，平成元年ころまでは順調な事業展開をしていたようです。

昭和62年8月1日から平成5年12月31日までの各事業年度の財務状況は，概ね次のとおりでした。

① 売上総利益は各期ともプラスであり，税引前損益は，平成元年7月まではプラス，平成2年度からこれらがマイナスに転じている。

② 税引前損益は，平成2年度ないし平成4年度において，732万円余りないし7242万円余りのマイナスであったが，平成5年度において一挙に3億2758万円余りのマイナスに増加している。

③ 平成2年度までは純資産の額はプラスであり，平成3年度に至って初めて250万円余りのマイナスを計上し，平成4年度に

は約 1 億3580万円，平成 5 年度には約 4 億6300万円余りのマイナスに増加している。

　株式会社 D と金融機関等との交渉状況については割愛しますが，平成 5 年11月19日，株式会社 D は，東京地方裁判所に対し，会社整理開始決定及び保全命令を求める申立てをしました。東京地方裁判所は，平成 5 年11月22日，保全命令を求める申立てを認容し，平成 6 年 6 月27日，株式会社 D 及びその監督者から提出された整理計画案に基づく整理の実行を命じる決定をしました。

　株式会社 D は，整理計画案に従って，営業を続けており，当初は若干の経常損失を計上したが，平成 6 年 1 月以降は，約6674万円の経常利益を計上するなど整理計画を上回る営業成績を上げ，全く借入をせず，順調に営業を続け，計画どおりに弁済を続けている，というのが当該判決時の状況です。

　株式会社 D の物上保証人である A は，平成 6 年 6 月27日，整理計画案に基づき，所有不動産を49億7595万1000円で売却し，株式会社 D の債務合計 7 億0155万1064円を返済しました。整理計画案では，代位弁済に係る求償債権を劣後整理債権とし，整理計画終了後，求償債権を放棄することとされていました。

　被相続人 P の相続開始は平成 4 年 9 月 9 日でした。以上の状況からすると，「被相続人の債務で相続開始の際現に存する」というのは難しそうですね。

この判決をどう読むか

　この判決は，結論としては極めて妥当なものだろうと思います。ただ，実務家としては，被相続人が相続開始時に負っている債務をどこまで把握できるか，ということが心配というか不安です。

もちろん，借入先が金融機関であれば，端緒も見つけやすいでしょうし，残高も把握できるでしょう。しかしながら，借入先が個人であれば，借用証書などの書面があればともかく，何らかのつてで被相続人の死亡を知った債権者から，ある日突然，返済を迫られても困ります。逆に，借用証書などの書面があった場合でも，既に完済されているかもしれません。ましてや，他人の保証，連帯保証をしている事実は，どのようにして把握すればいいのでしょう。悩ましい問題です。

第8講　限定承認に係る相続における所法59条の適用
【東京高裁平成13年8月8日判決】

　本講では，相続税法をはなれて所得税法に関する事項を学習することにしましょう。とはいっても，もとをただせば相続に関する事例です。

　民法は，相続の効果として，一身専属権を除き，被相続人の財産に属した一切の権利義務を相続開始の時から承継する旨を定めています（民896条）。一切の権利義務ですから，債務も承継の対象であることは前講で学習しましたが，いやぁ，債務を承継するのは勘弁してほしいよね，という場合も出てくるわけです。そこで民法は，相続人に相続に関する選択を認めています。選択肢は，大きくわけると承認と放棄の2種類ですが，承認については，さらに単純承認，法定単純承認及び限定承認の三つにわかれます。

> ### 学習のポイント
> 　原告の主張及び裁判所の判断を通して，限定承認（民922条）とは何か，限定承認に係る相続の場合における課税関係（所法59条1項）について理解する。

関係法令について

　まず，相続に関する選択方法についての民法の規定を確認しましょう。

《民920条（単純承認の効力）》

　相続人は，単純承認をしたときは，無限に被相続人の権利義務を承継する。

《民921条（法定単純承認）》

　次に掲げる場合には，相続人は，単純承認をしたものとみなす。

一　相続人が相続財産の全部又は一部を処分したとき。ただし，保存行為及び第602条に定める期間を超えない賃貸をすることは，この限りでない。

二　相続人が第915条第1項の期間内に限定承認又は相続の放棄をしなかったとき。

三　相続人が，限定承認又は相続の放棄をした後であっても，相続財産の全部若しくは一部を隠匿し，私にこれを消費し，又は悪意でこれを相続財産の目録中に記載しなかったとき。ただし，その相続人が相続の放棄をしたことによって相続人となった者が相続の承認をした後は，この限りでない。

《民922条（限定承認）》

　相続人は，相続によって得た財産の限度においてのみ被相続人の債務及び遺贈を弁済すべきことを留保して，相続の承認をすることができる。

《民938条（相続の放棄の方式）》

　相続の放棄をしようとする者は，その旨を家庭裁判所に申述しなければならない。

　条文を読んで気づいたかもしれませんが，「銀行に知られないうちに葬式費用を引き出さないと。」と，あわててATMに駆け込んで被相続人名義の預金口座から現金を引き出した場合，これは「相続人が相続財産の一部を処分した」ことになり，れっきとした法定単純承認（民921条1号）です。

実は，世の中の相続において，最も多い事象は法定単純承認な
のです。

　相続放棄についても，ちょっとした誤解，というよりも思い込
みがあるようです。相続放棄は家庭裁判所に申述しなければいけ
ません（民938条）。「父の相続のとき，私は放棄したんです。だか
ら，今回の母の相続では，それなりにもらう権利があるんです。」
といった主張をする相続人を見かけますが，たいていは，共同相
続人全員で行われた遺産分割協議において，相続財産を取得しな
かったにすぎません。

　相続人が相続に関して行った選択のうち，放棄と承認（単純承
認及び法定単純承認）は相続税の問題になりますが，限定承認だけ
は所得税の問題となる場合があります。

《所法59条 1 項》

　次に掲げる事由により居住者の有する山林〔略〕又は譲渡所得の
基因となる資産の移転があった場合には，その者の山林所得の金額，
譲渡所得の金額又は雑所得の金額の計算については，その事由が生
じた時に，その時における価額に相当する金額により，これらの資
産の譲渡があったものとみなす。
一　贈与（法人に対するものに限る。）又は相続（限定承認に係る
　ものに限る。）若しくは遺贈（法人に対するもの及び個人に対す
　る包括遺贈のうち限定承認に係るものに限る。）
二　〔略〕

　限定承認したからといって，すべての場合に所得税が課される
わけではありません。相続人が，山林又は譲渡所得の基因となる
資産を，限定承認に係る相続によって取得した場合は，相続税で
はなく所得税が課される，ということです。しかも，所法59条 1

項の規定をよく見てください。「居住者の有する……資産の移転があった場合」となっています。つまり所得税が課税されるのは, 相続人ではなく, 被相続人です。

　前置きが長くなってしまいましたが, 以上のことを踏まえて事例をみましょう。

事実の概要

　本件は, 最高裁で上告が棄却されましたので, 表題の東京高裁判決が確定したのですが, 事実の概要は第一審（東京地裁平成13年2月27日判決）の判決文に詳しく書かれていますので, それをもとに時系列で整理してみます。

平成7年1月6日	被相続人乙が死亡し相続開始(以下「本件相続」)法定相続人は, 原告を含む4名（以下「本件相続人ら」）
（日　付　不　明）	本件相続人らが, 東京家庭裁判所に限定承認の申述
平成7年4月26日付け	東京家庭裁判所が本件相続に係る承認または放棄の期間を同年5月8日まで伸長する審判
平成7年5月9日付け	東京家庭裁判所が本件相続人らの限定承認の申述を受理（以下「本件限定承認」） ※細かい点は省略しますが, 本件限定承認に係る法的手続はきちんと行われました。

本件相続人らが相続した財産

　本件宅地；東京都品川区小山台　宅地　578.51㎡（以下「本件土地」）のうち, 持分5万7851分の5万3951（残りの部分は原告所有）

本件家屋；上記本件土地上に存する木造家屋

本件駐車場設備；上記本件土地上に存する駐車場設備

※本件家屋と本件駐車場設備を併せて，以下「本件家屋等」という。

平成 7 年 7 月 24 日	本件宅地及び本件家屋について相続を原因とする所有権移転登記手続
平成 8 年 2 月 23 日	本件土地を分筆 ⇒甲土地；宅地　421.33㎡ 　乙土地；宅地　157.17㎡
平成 8 年 5 月 21 日付け	不動産売買契約締結

目的物 = 甲土地及び本件家屋等

譲受人 = A 株式会社　　　　　　以下「本件譲渡」

金　額 = 2 億 2100 万円

平成 8 年 6 月 28 日	遺産分割協議 ⇒甲土地；本件相続人らが共有 　乙土地；原告が単独所有
平成 8 年 8 月 6 日	A 株式会社に所有権移転登記手続
平成 9 年 12 月 26 日	被告（税務署長）が被相続人乙に係る平成 7 年分の所得税につき，決定処分及び過少申告加算税賦課決定処分
平成 10 年 2 月 25 日	原告が異議申立て
平成 10 年 5 月 25 日	被告が一部取消しの異議決定

　裁判所で争われたのは，上記のとおり，被告が，平成10年5月25日にした異議決定後の処分（一部取り消された後の決定処分及び一部取り消された後の過少申告加算税賦課決定処分）です。具体的な金額の記載は省略します。

争　点

　先に，本件の争点（二つあります）を明らかにしておきます。

　争点１は，相続人が限定承認をした後に，相続財産が相続債務を超えることが明らかになった場合においても，所法59条１項１号の規定は適用されるのか，という点です。相続財産の内容はわかったけれど，債務はわからないなぁ，と思われたかもしれません。限定承認を選択したものの，よくよく調べてみると，本件においては，結果的には相続財産の方が相続債務を上回っていたようです。

　争点２は，共同相続人らが，相続債権者への催告もせず，また，競売によらずに相続財産を譲渡し，その譲渡代金の大部分は相続債務の弁済にあてたものの，その残りについては共同相続人らが自己のために消費した場合，「私にこれを消費し」たものとして，単純承認をしたものとみなされる（民921条３号）のか，という点です。

　争点を先に明らかにするのがよかったのか？　と思ってしまうくらい，いずれも難しい争点です。

原告の主張

　原告は，限定承認に係る民922条と，所法（平成７年法律第44号による改正前のもの）59条１項１号（以下「本件規定」といいます）とを比較して次のように主張しています。

　　「民法第922条は相続によって得た財産の限度においてのみ被相続
　　人の債務等を弁済すべきことを留保して承認できる旨規定し，相続

財産が相続債務を超えるかどうかが明白でない場合であっても，この限定承認をすることにより，相続人が保護されることになっている。

　しかるに，本件規定は，右の限定承認の趣旨を尊重し，相続人を保護するために定められた技術的，租税政策的なものであるが，限定承認に係る相続によって譲渡所得の基因となる資産の移転があった場合には，その事由が生じたときにおける価額に相当する金額により譲渡があったものとみなすと規定するのみで，民法のように相続財産が相続債務を超えるか否かにかかわらず，相続人に不利益が生じないように考慮された規定とはなっておらず，そのため，限定承認後に相続財産が相続債務を超えることが判定した場合にも，所得税法上，右の超過分の財産についても課税されることになり，しかも，居住用資産の譲渡に係る特例規定が適用されないこととなる結果，単純承認をした場合よりも限定承認をしたために課税額が増加することにもなる。」

　原告の主張は，ふつうに相続して，相続人が相続した財産を売却して，その売却代金によって相続債務を弁済すれば，それで足りるし，被相続人乙と同居していた相続人については，居住用財産を譲渡した場合の特例規定も使えたのに……というものです。簡単に言ってしまえば，結果として限定承認をしなくてもよかったのに，ということです。心情的にわからないわけではありませんが，こういう場合に限って，先ほど事実関係のところで確認したとおり，限定承認に係る法的手続はきちんとされていたのです。

　もう一つの主張は次のとおりです。

　「民法921条3号は，相続人が限定承認をした後でも，相続財産について，『私にこれを消費』したときは単純承認をしたものとみな

すと規定しているところ，本件相続人らは，相続債権者への催告も
せず，また，民法が規定する換価手続である競売にもよらずに譲渡
し，右譲渡代金の大部分は相続債務の弁済に充てたものの，本件相
続人ら一人につき1000万円ほどは自己のために消費しているのであ
るから，右の『私にこれを消費』したことに該当し，単純承認をし
たものとみなされる。」

　これは，原告自らが主張していいことなのでしょうか。法律の
条文を，後付けで自分たちに都合のいいように持ち出して，論理
をすり替えた感が否めない，と思うのですが……。

裁判所の判断

　くどいですが，本件は最高裁で上告棄却され，東京高裁の判断
が確定しています。東京高裁の判決文は「当裁判所も，控訴人の
本件請求は理由がなく，これを棄却すべきものと判断する。」と
して，原判決が引用されています。よって，ここでも，地裁の判
決文を引用します。

☆本件規定の趣旨及び本件への適用について

　「単純承認による相続があった場合には，相続による資産の移転に
ついては譲渡所得の課税は行わず，相続人が取得費及び取得時期を
引き継ぐこととし，その後に相続人が相続財産を譲渡したときに，
被相続人の所有期間中に発生した資産の値上がり益を含めて，相続
人の譲渡所得として課税することとしているが，限定承認に係る相
続の場合にも同様の課税を行うこととすれば，被相続人が本来的に
は納付すべき被相続人の所有期間中に発生した資産の値上がり益に

対する課税を，相続人が納付することとなり，結果として相続財産の限度を超えて相続人の固有財産から納付しなければならない事態も生じかねない。

　そこで，本件規定は，限定承認制度が設けられた趣旨を尊重し，被相続人の所有期間中における資産の値上がり益を被相続人の所得として課税し，これに係る所得税額を被相続人の債務として清算するために，当該相続財産のうち，譲渡所得の基因となる資産については相続開始時点におけるその価額に相当する金額による譲渡があったものとみなして被相続人に対する譲渡所得課税を行うこととし，これにより，相続人は，右によって課税された所得税を含めた相続債務を弁済する義務を負うものの，相続財産が相続債務を超えるか否かにかかわらず，相続財産の限度を超えて被相続人の債務を負担することはないこととしている（通則法5条1項後段）。」

　譲渡所得の基因となる資産，最もイメージできる不動産としましょう，それを相続により取得した場合は，被相続人の取得費と取得価額を引き継ぐことにして，被相続人が所有していた期間中に発生した値上がり益に対する課税を繰り延べる，という方法が採られています。それでいいのかどうかは，わかりませんが，現時点では，そのように制度設計されています。けれども，限定承認の場合，民法では，相続財産を超える相続債務を負担することはない，とされていますから，被相続人が所有していた期間中に発生した値上がり益に対する課税と，それによって発生する納税義務は，その時点，つまり相続開始時点において清算するべきだ，つまり，相続人が譲渡するまで課税を繰り延べるべきではない，といっているわけです。

　そして，本件については，限定承認が有効に行われましたから，

> 「本件規定が適用されて，本件相続人らに対する本件宅地及び本件
> 家屋等の譲渡があったものとみなされ，本件被相続人に対して右の
> 各資産の譲渡に係る譲渡所得税が課されることとなるものというべ
> きである。」

と判示しました。

☆相続財産が相続財務を超えることが判明した場合における本件規定の適用について

　原告は，「限定承認後に相続財産が相続債務を超えることが判
明した場合にも，所得税法上，右の超過分の財産についても課税
されることになり」，相続人に不利益を生じさせている旨，主張
しました。この主張に対して，裁判所は，

> 「本件規定が適用されることによって，相続人は相続により取得し
> た財産の範囲内で，みなし譲渡所得課税により課税された所得税を
> 含めた相続債務を弁済する義務を負うにすぎないこととなり，相続
> 財産が相続債務を超えるか否かにかかわらず，限定承認をした相続
> 人が相続財産の限度を超えて負担することはなくなるのであるから，
> 右民法の趣旨に反して相続人に不利益を課すものとまではいえない
> ことは明らかである。」

と判示しました。

☆居住用財産の譲渡の特例の規定が適用されないことについて

　原告は，「居住用資産の譲渡に係る特例規定が適用されないこ
ととなる結果，単純承認をした場合よりも限定承認をしたために

課税額が増加することにもなる」と主張しました。この主張に対して, 裁判所は,

「居住用財産を譲渡した場合の譲渡所得の課税の特例規定は, 本件規定によりあったものとみなされる被相続人と相続人間での資産譲渡については, 基本的に適用されないこととなるものであるが, 右の特例規定の適用の有無にかかわらず, 前記のとおり, 限定承認をした相続人が相続財産の限度を超えて相続債務を負担することとはなり得ないものであるから, 限定承認制度を規定した民法の趣旨に反して相続人に不利益を課するものと解すべき根拠となり得るものではない。」

と判示しました。

居住用資産の譲渡の特例の適用については, 現在は, いわゆる空き家特例といって, 一定の要件を満たす被相続人の居住用家屋及び居住用家屋の敷地等を売却したときに3000万円までの特別控除が認められていますが, 本件当時は, 相続人が所有者として, 被相続人の居住用家屋に居住している期間がないと, 特例適用が認められていませんでした。そもそも本件においては, 被相続人から相続人に譲渡したものとみなされるわけですから, 特別関係者間において居住用財産の譲渡の特例の適用がないことは, 原告も主張していたようです。つまり, 居住用財産の譲渡の特例の適用がないことを十分認識していたわけです。

☆民921条3号に係る判断
民921条3号に係る原告の主張についての裁判所の判断も確認

しておきましょう。

「民法921条3号は，相続人が限定承認をした後でも，相続財産の全部又は一部を隠匿したとき，私に相続財産を消費したとき又は悪意で相続財産を財産目録中に記載しないときは，単純承認とみなすことを規定するが，右の趣旨は，右の各行為は，相続債権者等に対する背信的行為であって，そのような行為をした不誠実な相続人には限定承認の利益を与える必要はないとの趣旨に基づいて設けられたものと解される。

そうすると，同号の規定する『私にこれを消費』した場合に当たるためには，みだりに相続財産を消費したものといえることが必要であると解されるところ，本件においては，本件相続人らは，本件譲渡代金2億2100万円，〔中略〕合計2億5387万1202円をもって，本件被相続人に係る債務と判明した銀行借入金及び葬儀費用等の合計2億1003万6321円を支払い，残額を原告に633万4881円，その他の本件相続人ら三名にそれぞれ1250万円ずつ分配したものであり〔略〕，この他に弁済未了の相続債権者が存したことや右売却価額が不相当であったことなどを窺わせる事情も存せず，また，原告自身，本件相続に係る相続財産は相続債務を超えるものであったというのであるから，これらの事情の下では，原告らが，『私にこれを消費し』たものとは認められないというべきである。」

たしかに，相続財産の売却方法については問題がなかったとはいい難い状況ですが，結果として，相続債権者を害するような行為がなかった以上，自らが選択した限定承認を自らが否定するような主張を認めるわけにはいきません。

この判決をどう読むか

改めて，限定承認を選択することの難しさを感じさせる事件だ

と思います。被相続人の財産と債務とを整理するだけでも大変なことです。同居の相続人がいたとしても，必ずしも全部を知っている，というのは少ないのではないでしょうか。核家族化が当たり前のような現代社会において，日本国内に相続人が一人でもいればいい，という状況だと感じています。

　相続財産がないわけではない，明らかに相続債務が相続財産を上回っているようにも思われない，という，いわば究極状態において選択されるのが限定承認ではないでしょうか。

　ポイントとなるのは，財産評価をどこまで適正に行えるか，ということにあるような気がします。また，本件のように，裁判所に申し立てれば，熟慮期間（相続を承認するか放棄するか，判断するための期間）を伸ばすことができます。行動を早く起こすことが必要ですが，判断は慎重にする必要がありそうです。

第8講補講　限定承認に係る相続における法定納期限

【東京高裁平成15年3月10日判決】

　第8講で，限定承認に係る相続においては，所法59条1項の適用がある場合があることを学習しました。本講では，それに関連して，同規定にいう「その事由が生じた時」について争われた事件を採りあげます。

> ### 学習のポイント
> 　所法59条1項に規定する，「その事由が生じた時」とはいつか，正しく理解する。

　再度，条文を確認しておきましょう。

> 《所法59条1項》
> 　次に掲げる事由により居住者の有する山林〔略〕又は譲渡所得の基因となる資産の移転があった場合には，その者の山林所得の金額，譲渡所得の金額又は雑所得の金額の計算については，その事由が生じた時に，その時における価額に相当する金額により，これらの資産の譲渡があったものとみなす。
> 一　贈与（法人に対するものに限る。）又は相続（限定承認に係るものに限る。）若しくは遺贈（法人に対するもの及び個人に対する包括遺贈のうち限定承認に係るものに限る。）
> 二　〔略〕

事実の概要

　東京高裁の判決文にも事実の概要が整理されていますが，第一

審（東京地裁平成14年9月6日判決）の判決文の方が詳細に記載されていますので，そちらを確認しましょう。

平成12年11月8日	被相続人Ａが死亡し相続開始（以下「本件相続」）法定相続人は，原告4名（以下「原告ら」）と相続人戊（以下「原告ら」と合わせて「本件相続人ら」）
平成13年2月28日	本件相続人らが，仙台家庭裁判所に限定承認する旨を申述
平成13年3月6日	本件相続人らが，塩釜税務署長に対し，被相続人Ａに係る平成12年分の所得税（以下「本件所得税」）について準確定申告書を提出 　　所　得　金　額　　　508万9802円 　　課税所得金額　　　197万3000円 　　還　付　税　額　　　10万7200円
平成13年3月27日	仙台家庭裁判所が本件相続人らの限定承認の申述を受理する旨の審判及び原告甲を被相続人Ａの相続財産管理人に選任する旨の審判をし，本件相続人らに対しその旨告知
平成13年9月7日	本件相続人らが，塩釜税務署長に対し，本件所得税の修正申告書を提出

修正申告の内容

総　合　課　税　の　所　得　金　額	508万9802円
分　離　長　期　譲　渡　所　得　の　金　額	1億7086万2925円
課税される総合課税の所得金額	285万3000円
課税される分離長期譲渡所得の金額	1億7086万2000円
納　付　す　べ　き　税　額	3394万7400円

平成13年9月7日	本件相続人らが，3405万4600円を納付 　（還付税額10万7200円＋納付税額3394万7400円）
平成13年10月19日	塩釜税務署長が，本件相続人らに対し，「延滞税の お知らせ」書面を送付 　原　告　ら　　9万5800円（各人に対する金額） 　相続人戊　　38万3800円
平成13年12月20日	塩釜税務署長が，本件相続人らに対し，督促状送達
平成14年1月1日	相続人戊が死亡し相続開始，法定相続人は原告ら

　争われたのは延滞税の額（19万1750円のうち4万4025円を超える部分は存在しない，というのが原告らの主張）なのですが，金額だけでは問題の所在がわかりませんね。被告（塩釜税務署長）と原告らの主張（所得税の法定納期限についての主張）を，第一審の判決文を引用しながら，整理しておきましょう。

被告の主張	原告らの主張
「所得税法59条1項は，限定承認に係る相続に基因する譲渡所得（以下『みなし譲渡所得』という。）について規定しているが，同項の『その事由』という文言は，同項各号所定の事由を指すところ，同項1号は『相続（限定承認に係るものに限る。）』と規定しており，このうち『（限定承認に係るものに限る。）』との文言は『相続』の範囲を限定する修飾語に過ぎないから，同項の『その事由』とは，『相続』を指すものである。」	「所得税法59条1項に規定するみなし譲渡所得とは，同項の規定によって特に認められた所得概念であり，限定承認の効力が生じることにより初めて発生するものであるところ，限定承認の効力は，家庭裁判所の限定承認の申述受理の審判の告知がされることによって生ずるものである。
「相続による資産の移転は相続開始時に生じるものであり，限定承認は弁済の責任限度を画するものにすぎないことからすれば，みなし譲渡所得は，相続開始時に発生するものというべきである。」	そうすると，みなし譲渡所得に対する所得税の課税要件は，限定承認の申述受理の審判の告知の時に成立するものであり，同項の『その事由が生じた時』とは，限定承認の申述受理の審判の告知の時を指すと解すべきである。」
「所得税法59条1項の『その事由が生じた時』とは，相続開始時を指すものと解される。」	「みなし譲渡所得は限定承認の申述受理の審判の告知の時に生じ，それに対する所得税の課税要件はその時に成立するものであり，その所得税の納税申告は審判の告知の後にしかできない。
「所得税法120条及び125条は，被相続人が年の中途において死亡した場合において，その者のその年分の全ての所得を併せて申告するように定めているところ，上記のとおり，みなし譲渡所得は相続開始時に発生する所得であり，被相続人のその年分の所得に含まれるので，相続人は，限定承認がされて同法59条の規定が適用される場合には，みなし譲渡所得を，被相続人が生前に得た他の所得とともに，納税申告しなければならない。」	そうすると，審判の告知の時期によっては，所得税法125条の規定する『その相続の開始があったことを知った日の翌日から4月を経過した日の前日』までに納税申告ができないことも十分あり得る。
	特に，本件においては，本件限定承認の申述受理の審判の告知が，平成13年3月27日にされたことから，被告の主張するように，本件

「同法125条及び129条は，被相続人が年の中途において死亡した場合におけるその者のその年分の所得税の法定申告期限又は法定納期限は，『その相続の開始があったことを知った日の翌日から4月を経過した日の前日』であると定めている。

そうすると，みなし譲渡所得に対する所得税を含む本件所得税の法定納期限は，本件相続人らが本件被相続人の死亡により本件相続の開始を知った平成12年11月8日の翌日から4月を経過した日の前日である平成13年3月8日となる。」

「本件相続人らは，同年9月7日，塩釜税務署長に対し，本件所得税について，修正申告書を提出し，本件所得税を納付した。

そうすると，本件所得税が法定納期限を徒過して納付されたことにより，国税通則法60条2項に基づき，本件所得税に係る延滞税が，本件所得税の法定納期限の翌日である同年3月9日からその完納の日である同年9月7日までの期間につき課される」

所得税の法定納期限が，本件相続人らが本件相続の開始があったことを知った日の翌日から4月を経過した日の前日である同月8日であるとすると，そもそもみなし譲渡所得が発生しておらず，それに対する所得税の納税義務も生じないうちから，その所得税の延滞税が発生することになってしまい，原告らにとって酷な結果となり，不合理である。

そこで，みなし譲渡所得に対する所得税の法定納期限は，所得税法125条を類推適用して，限定承認の申述受理の審判の告知がされた日の翌日から4月を経過した日の前日であると解すべきである。

そうすると，本件のみなし譲渡所得に対する所得税の法定納期限は，本件限定承認の申述受理の審判の告知がされた日である平成13年3月27日の翌日から4月を経過した日の前日である同年7月27日となる。」

「本件においては，みなし譲渡所得に対する所得税に係る延滞税は，上記のみなし譲渡所得に対する所得税の法定納期限の翌日である平成13年7月28日からその完納の日である同年9月7日までの期間につき課される」

裁判所の判断

　本件は，東京高裁の判断が確定していますが，原判決が引用されていますので，原判決を確認しましょう。

　「同項〔所法59条１項，以下同じ〕の文言をみるに，同項の『その事由』とは，同項柱書冒頭の『次に掲げる事由』を指すところ，この事由として，同項１号は『相続（限定承認に係るものに限る。）』を掲げている。そして，同項が，『次に掲げる事由により（略）資産の移転があった場合には』と規定していることからすると，『次に掲げる事由』とは，資産の移転の原因となり得る事由，すなわち，『相続』を指すものであり，限定承認を指すものではないと解される。そうすると，所得税法の文言からすれば，同項の『その事由』とは，『相続』を指すものと解するのが相当である。」

　ここまで，いいでしょうか。裁判所は，「その事由」は「次に掲げる事由」であり，それはすなわち「資産の移転があったとされる事由」だ，といっているわけです。資産の移転の原因となり得る事由は，「相続」であって，限定承認ではない，というのです。

　何度もお話ししてきましたが，相続により，一身専属権を除いて，被相続人に属した権利義務の一切を承継しますから，資産の移転原因は相続です。ただ，一切の権利義務を承継するのがいいのか，というと，そこは，相続人にも選択権を与えましょう，ということで，相続放棄，単純承認，法定単純承認，限定承認の選択肢が用意されたのでした。民法上，相続人にも相続に係る選択権が規定されている，ということを思い出してくださいね。

もう少し，判決文を読みましょう。

「同項は，その規定の位置及び文言から明らかであるように，譲渡所得の総収入金額の計算に関する特例規定であって，所得のないところに課税譲渡所得の存在を擬制したものではなく，同項に規定するみなし譲渡所得はあくまでも譲渡所得の一種というべきものである。そして，そもそも譲渡所得に対する課税は，資産の値上がりによりその資産の所有者に帰属する増加益を所得として，その資産が所有者の支配を離れて他に移転するのを機会に，これを精算して課税する趣旨のものである（最高裁昭和47年（行ツ）第4号同50年5月27日第三小法廷判決・民集29巻5号641頁参照）ところ，限定承認に係る相続についてみると，その資産の移転は相続開始時に生じるものである（民法896条）から，限定承認に係る相続に基因する譲渡所得（みなし譲渡所得）に対する課税は，相続の開始の時を捉えて行われるものであると解される。そうすると，実質的にみても，譲渡所得の金額の計算について資産の譲渡があったとみなされる時点である所得税法59条1項の『その事由が生じた時』とは，相続開始時を指すものと解するのが相当である。

以上に述べた同項の文言及び譲渡所得に対する課税の趣旨からすれば，同項の『その事由が生じた時』とは，相続開始時を指すものというべきである。」

この判決をどう読むか

判決文がいう所法59条1項の「位置」という点について確認してみました。所法59条は，所得税法の第2編（居住者の納税義務）の第2章（課税標準及びその計算並びに所得控除）の第2節（各種所得の金額の計算）の第5款（資産の譲渡に関する総収入金額並びに必要

経費及び取得費の計算の特例）というところに置かれています。裁判所がいうように，「同項に規定するみなし譲渡所得はあくまでも譲渡所得の一種というべきもの」ということは，たしかに条文の「位置」からすると理解できます。

　また，「そもそも譲渡所得に対する課税は，資産の値上がりによりその資産の所有者に帰属する増加益を所得として，その資産が所有者の支配を離れて他に移転するのを機会に，これを精算して課税する趣旨のものである」という点も，理解してきたつもりです。

　それでも，「限定承認に係る相続についてみると，その資産の移転は相続開始時に生じるものである（民896条）から，限定承認に係る相続に基因する譲渡所得（みなし譲渡所得）に対する課税は，相続の開始の時を捉えて行われるものであると解される。」という点については，個人的には違和感を覚えます。もっと述べると，「その事由が生じた時」の「その事由」は「相続」であって，「限定承認に係る相続」ではない，という点に納得できないのです。

　相続人に与えられた相続に関する選択肢の一つである限定承認について，限定承認をするかしないかの熟慮期間があり，家庭裁判所に申し立てることにより，この期間を延長（伸長）することができます。そして，限定承認は家庭裁判所の審判をもって決せられ，この審判から，諸手続が開始されていく，というのが私の理解です。諸手続とは，相続債権者及び受遺者に対する公告及び催告（民927条）に始まり，弁済，換価手続などを指します。ですから，遺産分割協議が調ったときのように，「相続開始の時にさかのぼってその効力を生ずる。」（民909条本文）ということは，お

よそ想定できないのではないか，と考えます。

　そういう意味で，原告らが主張するように，「その事由が生じた時」は，限定承認の審判の日とすべきだと考えます。告知の通知があったとき，とか何とかにすると，文書の送達の日など，ややこしい議論が出てきますから，ここは，審判の日としておきたいと思います。

　しかしながら，解釈論では裁判所に太刀打ちできませんから，個人的には極めて不本意ですが，立法の不備を指摘しておきたいと思います。

第9講 預貯金債権は遺産分割の対象となる！
【最高裁平成28年12月19日決定】

　本講からは遺産分割について学習します。遺産分割とは，相続の開始によって共同相続人の共有となった相続財産を，各相続人の権利に確定させていく手続です。相続財産が，いつまでも共同相続人の共有関係のままだと，社会経済活動が停滞してしまう場合もあり得ますから，共有関係を解消することが望ましいのです。民法は，第5編「相続」第3章「相続の効力」第3節「遺産の分割」に規定を置いています。平成30年法律第72号の民法改正により，遺産分割のルールの一部が変更されました。

　わが国の相続税は遺産取得者課税方式を採用していますから，遺産取得者が，相続財産のうち何を最終的に，というか確定的に取得したのかを把握することは，とても重要です。相続人が遺産分割により相続財産を取得したのであれば，遺産分割協議書を確認しなければいけませんが，遺産分割のルールを知っておくことも必要だと考えます。

　本講では，相続財産である被相続人名義の預貯金債権を，各相続人に帰属させるためのルールが大きく変更された判決を採りあげます。

学習のポイント
① どのような事実関係の下で，判例変更が行われたのかを理解する。
② この決定について懸念される新たな問題点を認識する。

本論に入る前に，遺産分割についての基本的な事項を簡単に整理しておきましょう。

遺産分割の基準・方法・時期

遺産分割の基準は，民906条に規定されています。基準だけにとても重要な規定です。

《民906条》

遺産の分割は，遺産に属する物又は権利の種類及び性質，各相続人の年齢，職業，心身の状態及び生活の状況その他一切の事情を考慮してこれをする。

遺産の分割の方法は，次の三つが挙げられます。「遺産に属する物又は権利の種類及び性質」を考慮して，適切な分割方法を選択することになります。

① 現物分割＝遺産の現物をそのまま配分する方法

② 換価分割＝遺産の中の全部又は一部の財産を売却し，その代金を配分する方法

③ 代償分割＝遺産の現物を特定の相続人が取得し，取得者が他の相続人に対して当該相続人の具体的相続分に応じた金銭を支払う方法

代償分割のところで，「具体的相続分」という言葉が出てきました。具体的相続分については，民903条1項に規定されており，**第12講**のところで述べたいと思います。

遺産分割の時期について，民法は特に規定を設けていません。ただ，「被相続人は，遺言で，遺産の分割の方法を定め，若しくはこれを定めることを第三者に委託し，又は相続開始の時から5

年を超えない期間を定めて，遺産の分割を禁ずることができる。」
（民908条）と規定されていますから，遺言で遺産の分割が禁止さ
れている期間に抵触しなければ，いつでもできます（民907条1
項）。相続税がかかる案件については，相続開始の時から10カ月
以内に申告と納税が必要ですから，10カ月以内に遺産分割ができ
ていない事態を考慮して，未分割の場合の申告方法について規定
が設けられています（相法55条）。

《相法55条》

　相続若しくは包括遺贈により取得した財産に係る相続税について
申告書を提出する場合又は当該財産に係る相続税について更正若し
くは決定をする場合において，当該相続又は包括遺贈により取得し
た財産の全部又は一部が共同相続人又は包括受遺者によってまだ分
割されていないときは，その分割されていない財産については，各
共同相続人又は包括受遺者が民法（第904条の2（寄与分）を除く。）
の規定による相続分又は包括遺贈の割合に従って当該財産を取得し
たものとしてその課税価格を計算するものとする。ただし，その後
において当該財産の分割があり，当該共同相続人又は包括受遺者が
当該分割により取得した財産に係る課税価格が当該相続分又は包括
遺贈の割合に従って計算された課税価格と異なることとなった場合
においては，当該分割により取得した財産に係る課税価格を基礎と
して，納税義務者において申告書を提出し，若しくは第32条第1項
に規定する更正の請求をし，又は税務署長において更正若しくは決
定をすることを妨げない。

　遺産の分割は，共同相続人の協議によって行いますが，協議が
調わないときや協議ができないときは，家庭裁判所に協議を請求
することができます（民907条2項）。

本件以前の状況

　基本的な事項が理解できたことにして，本件の学習に移りましょう。といいたいところなのですが，先に述べておきたいことがありますので，もう少し我慢してください。

　相続人が数人ある場合において，その相続財産の中にある可分債権は，相続開始と同時に法律上当然に分割され，共同相続人がその相続分に応じて権利を承継するので，遺産分割の対象とならない（最高裁昭和29年4月8日判決）とされてきました。この最高裁判決は損害賠償債権の事案でしたが，この伝統的理解は，相続財産中の被相続人名義の預貯金債権についても貫かれてきました。もっとも，可分債権である預貯金債権が相続財産である場合は，「各共同相続人は，その相続分に応じて被相続人の権利義務を承継する。」（民899条）ことから，民427条に規定する「それぞれ等しい割合」を「その相続分に応じて」に修正して，取り扱われてきました。

☆金融機関の実務

　ところが，金融機関の実務は異なっていました（ここが過去形でいいのかどうか，悩ましいですが）。共同相続人の一人が，金融機関の窓口で，自分の相続分に相当する預金を引き出そうとしても応じてもらえません。二重払い，つまり他の相続人からも解約の申入れがされるなどして間違って払ってしまっては大変，と恐れているからです。共同相続人全員の署名と実印が押された金融機関所定の届出書（払戻請求書等）を提出する必要があるのです。どうしても単独での権利行使を望むのであれば，金融機関を相手

取って裁判をすればいい，と弁護士はいいます。最高裁の判決文（前掲最高裁昭和29年4月8日判決）を証拠として提出すれば，金融機関側は期日に出廷もしないので，債権者（預金者）側の勝訴がすぐに確定するから，勝訴判決に基づいて自己の相続分に見合う預貯金債権額の払戻しができる，というのです。でも，これって何かが違うと思いませんか？　金融機関を相手取って提訴するか，共同相続人全員の署名・押印を集めるか，と問われたら，後者の手法を選ばざるを得ない相続人が多いのではないでしょうか。

☆税理士の実務

　相続財産である預貯金債権は遺産分割の対象にならない，といいましたが，民427条に「別段の意思表示がないときは」とありますように，相続人全員が遺産分割の対象とすることに合意している場合は預貯金債権が当然分割されることはない，というのが法律の建付けです。ところが，これもまた，現実とは違うなぁと思います。税理士は，相続税がかかる案件について，遺産分割協議書を作成することが許されていますので，遺産分割協議への同席を求められることが少なくありません。被相続人の預貯金債権について，共同相続人全員に「遺産分割協議の対象とすることに同意されますか？」と確認するのが法律上正しい方法だと思いますが，現実に，この確認をした税理士はほとんどいないのではないかと思います。共同相続人の側でも，預貯金債権は，むしろ当然に分割対象だと思っておられる場合がほとんどだといって過言ではないでしょう。共同相続人も税理士も，不動産のように分割が難しい財産の調整弁として，預貯金債権をむしろ巧みに操ってきた，といえるでしょう。

本件に係る裁判所の決定は，前述した現場の実情に即した判断
だと思います。平成30年法律第72号による民法改正においても，
この決定が果たした役割は決して小さくないと思います。

事実の概要

　相続関係図に基づいて，当事者の確認をしましょう。

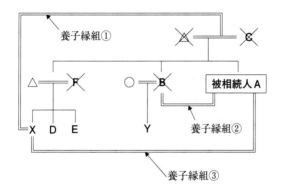

　被相続人Ａ（以下単に「Ａ」）は，平成24年３月▲日に死亡し
ました。
　Ａの相続人は，Ｘ（弟Ｆの子で，Ａの生前にＡと養子縁組）と
Ｙ（妹Ｂの子。Ａは生前にＢと養子縁組していたが，Ｂは平成14年に
死亡。）です。
　Ａの遺産は，不動産（以下「本件不動産」といい，平成25年度の固
定資産税評価額は258万1995円）と，次表の預貯金債権です。

普通預金	SM銀行　a 支店	265円
普通預金	SM銀行　b 支店	68,729円
通常貯金	U 銀行	762円
定期貯金	U 銀行	30,000円
普通預金	MU銀行　c 支店	2,457,956円
外貨普通預金	MU銀行　c 支店	364,600.62ドル

　平成25年 8 月27日，X が遺産分割調停の申立てをしましたが，平成26年 6 月 2 日の調停期日において不成立となり，審判に移行しました。A の預貯金債権は，外貨預金を含めて日本円に換算すると合計約3800万円でしたが，これについては遺産分割の対象とすることについての合意がなく，審判において分割することができないので，本件不動産についてのみ審理することとなりました。審判の結果は，Y の特別受益を認定して，本件不動産を X に取得させるというものでした。

　本件は，A の遺産分割が争われた事件ですが，A の亡父 C （以下単に「C」）の相続が大きくかかわっています。C の相続については，第一審（大阪家裁平成26年12月 5 日審判）の判決文に詳細に書かれていますので，そちらから確認，といいたいところですが，ここでは省略しますので，みなさんの方で確認してください。原審（大阪高裁平成27年 3 月24日決定）も第一審を支持し，X 及び Y 双方の抗告をいずれも棄却しています。Y の特別受益って何？　と疑問に思うでしょうけれど，この点も後に譲ることにして，最高裁の判断を先に確認しましょう。

決定要旨

☆遺産分割の意義

　最高裁は，原審の判断を是認することができないとし，その理由を次のように述べています。長くなりますが，引用します。

> 「相続人が数人ある場合，各共同相続人は，相続開始の時から被相続人の権利義務を承継するが，相続開始とともに共同相続人の共有に属することとなる相続財産については，相続分に応じた共有関係の解消をする手続を経ることとなる（民法896条，898条，899条）。そして，この場合の共有が基本的には同法249条以下に規定する共有と性質を異にするものでないとはいえ（最高裁昭和28年（オ）第163号同30年5月31日第三小法廷判決・民集9巻6号793頁参照），この共有関係を協議によらずに解消するには，通常の共有物分割訴訟ではなく，遺産全体の価値を総合的に把握し，各共同相続人の事情を考慮して行うべく特別に設けられた裁判手続である遺産分割審判（同法906条，907条2項）によるべきものとされており（最高裁昭和47年（オ）第121号同50年11月7日第二小法廷判決・民集29巻10号1525頁参照），また，その手続において基準となる相続分は，特別受益等を考慮して定められる具体的相続分である（同法903条から904条の2まで）。このように，遺産分割の仕組みは，被相続人の権利義務の承継に当たり共同相続人間の実質的公平を図ることを旨とするものであることから，一般的には，遺産分割においては被相続人の財産をできる限り幅広く対象とすることが望ましく，また，遺産分割手続を行う実務上の観点からは，現金のように，評価についての不確定要素が少なく，具体的な遺産分割の方法を定めるに当たっての調整に資する財産を遺産分割の対象とすることに対する要請も広く存在することがうかがわれる。」

ここでは，遺産分割手続において基準となる相続分は，特別受益等を考慮して定められる具体的相続分である，という原則論が述べられたあとに，実務上の観点について述べられています。「現金のように，評価についての不確定要素が少な」いもので，「具体的な遺産分割の方法を定めるに当たっての調整に資する財産を遺産分割の対象とすることに対する要請も広く存在する」という点です。

☆遺産分割における「調整に資する財産」

　そして，次のところで，預貯金債権が「現金のよう」なものとして出てきます。

　「ところで，具体的な遺産分割の方法を定めるに当たっての調整に資する財産であるという点においては，本件で問題とされている預貯金が現金に近いものとして想起される。預貯金契約は，消費寄託の性質を有するものであるが，預貯金契約に基づいて金融機関の処理すべき事務には，預貯金の返還だけでなく，振込入金の受入れ，各種料金の自動支払，定期預金の自動継続処理等，委任事務ないし準委任事務の性質を有するものも多く含まれている（最高裁平成19年（受）第1919号同21年1月22日第一小法廷判決・民集63巻1号228頁参照）。そして，これを前提として，普通預金口座等が賃金や各種年金給付等の受領のために一般的に利用されるほか，公共料金やクレジットカード等の支払のための口座振替が広く利用され，定期預金等についても総合口座取引において当座貸越の担保とされるなど，預貯金は決済手段としての性格を強めてきている。また，一般的な預貯金については，預金保険等によって一定額の元本及びこれに対応する利息の支払が担保されている上（預金保険法第3章第3節等），その払戻手続は簡易であって，金融機関が預金者に対して預貯

金口座の取引経過を開示すべき義務を負うこと（前掲最高裁平成21年1月22日第一小法廷判決参照）などから預貯金債権の存否及びその額が争われる事態は多くなく，預貯金債権を細分化してもこれによりその価値が低下することはないと考えられる。このようなことから，預貯金は，預金者においても，確実かつ簡易に換価することができるという点で現金との差をそれほど意識させない財産であると受け止められているといえる。

　共同相続の場合において，一般の可分債権が相続開始と同時に当然に相続分に応じて分割されるという理解を前提としながら，遺産分割手続の当事者の同意を得て預貯金債権を遺産分割の対象とするという運用が実務上広く行われてきているが，これも，以上のような事情を背景とするものであると解される。」

　預貯金契約の性質に基づいて，預貯金が現金のようなものとして認識されていること，判決文でいうと「預貯金は，預金者においても，確実かつ簡易に換価することができるという点で現金との差をそれほど意識させない財産であると受け止められている」ことはわかります。ただ，「遺産分割手続の当事者の同意を得て預貯金債権を遺産分割の対象とするという運用が実務上広く行われてきている」という点は，前述のとおり，必ずしも同意を得ていない，というか，黙示の同意があったものとして運用されている，という感じではないか，と思います。

　このあと，最高裁は，「改めて本件預貯金の内容及び性質を子細にみつつ，相続人全員の合意の有無にかかわらずこれを遺産分割の対象とすることができるか否かにつき検討する。」と述べて，遺産目録記載の各預貯金債権について判断していきます。次のよ

うに簡略化して整理してみました。

☆**各預貯金債権の性質と遺産分割対象とすることの可否**

「普通預金契約や通常貯金契約は，一旦契約を締結して口座を開設
すると，以後預金者がいつでも自由に預入れや払戻しをすることが
できる継続的取引契約であり，口座に入金が行われるたびにその額
についての消費寄託契約が成立するが，その結果発生した預貯金債
権は，口座の既存の預貯金債権と合算され，１個の預貯金債権とし
て扱われる……同一性を保持しながら，常にその残高が変動し得る
ものである。そして，この理は，預金者が死亡した場合においても
異ならない」

↓すなわち，

「各債権は，口座において管理されており，預貯金契約上の地位を
準共有する共同相続人が全員で預貯金契約を解約しない限り，同一
性を保持しながら常にその残高が変動し得るものとして存在し，各
共同相続人に確定額の債権として分割されることはない」

&

「預貯金債権が相続開始時の残高に基づいて当然に相続分に応じて
分割され，その後口座に入金が行われるたびに，各共同相続人に分
割されて帰属した既存の残高に，入金額を相続分に応じて分割した
額を合算した預貯金債権が成立すると解することは，預貯金契約の
当事者に煩雑な計算を強いるものであり，その合理的意思にも反す
る」

「定期貯金の前身である定期郵便貯金につき，郵便貯金法は，一定
の預入期間を定め，その期間内には払戻しをしない条件で一定の金
額を一時に預入するものと定め（７条１項４号），原則として預入期
間が経過した後でなければ貯金を払い戻すことができず，例外的に

預入期間内に貯金を払い戻すことができる場合には一部払戻しの取扱いをしないものと定めている（59条，45条1項，2項）。」

↓

「郵政民営化法の施行により，……その行っていた銀行業務は株式会社ゆうちょ銀行に承継された。……定期貯金についても，定期郵便貯金と同様の趣旨で，契約上その分割払戻しが制限されている……上記の制限は，預入期間内には払戻しをしないという条件と共に定期貯金の利率が高いことの前提となって」いる

↓

「定期貯金債権が相続により分割されると解すると，それに応じた利子を含めた債権額の計算が必要になる事態を生じかねず，定期貯金に係る事務の定型化，簡素化を図るという趣旨に反する。……共同相続人は共同して全額の払戻しを求めざるを得ず，単独でこれを行使する余地はない」

以上のように，預貯金一般の性質等を踏まえつつ，各種預貯金債権の内容及び性質を鑑みた結果，最高裁は次のように結論しました。決定文では下線が引かれています。

☆ポイント

「共同相続された普通預金債権，通常貯金債権及び定期貯金債権は，いずれも，相続開始と同時に当然に相続分に応じて分割されることはなく，遺産分割の対象となるものと解するのが相当である。」

本件は，裁判官全員一致の意見で，原審を破棄し，大阪高等裁判所に差し戻しましたが，岡部喜代子裁判官の補足意見，大谷剛彦・小貫芳信・山﨑敏充・小池裕・木澤克之裁判官の補足意見，

鬼丸かおる裁判官の補足意見，木内道祥裁判官の補足意見，大橋正春裁判官の意見がついています。ここでは，補足意見のすべてに「共同相続人間の実質的公平」という言葉があること，大橋裁判官の意見に「新たな不公平を生み出す」という言葉があることを紹介するに留め，詳細は省略します。

　長年にわたって維持されてきた最高裁判決を変更するには，ひとつひとつ丁寧に論じることこそが必要なのかもしれません。

この決定をどう読むか

　最高裁が，あまりにも詳細に預貯金債権の内容と性質について述べましたから，特別受益等を考慮して定められる具体的相続分が遺産分割における基準だ，という原則論が見えづらくなってしまったのではないか，と個人的には心配になりました。しかし，事実の概要のところで，特別受益の問題をスルーしていますから，他人のことはいえません。**雑談タイム7**を読んでください。

　この決定は，共同相続された普通預金債権，通常貯金債権及び定期貯金債権は，いずれも遺産分割の対象となる，というものですから，逆の読み方をすれば，遺産分割協議が調うまでは，預貯金債権には触れられない，ということになりそうです。

　となると，それこそ葬式費用も出せない，被相続人の債権者は取立てができないのか，生活に困窮している相続人はどうするのか，などいろいろ問題が出てきそうです。このような問題に対処するべく，平成30年法律第72号により民909条の2が新設されました。具体例を交えて確認しましょう。

《民909条の2》

　各共同相続人は，遺産に属する預貯金債権のうち相続開始の時の債権額の3分の1に第900条及び第901条の規定により算定した当該共同相続人の相続分を乗じた額（標準的な当面の必要生計費，平均的な葬式の費用の額その他の事情を勘案して預貯金債権の債務者ごとに法務省令で定める額を限度とする。）については，単独でその権利を行使することができる。この場合において，当該権利の行使をした預貯金債権については，当該共同相続人が遺産の一部の分割によりこれを取得したものとみなす。

　民法は，遺産分割が終わる前であっても，一定の範囲で，共同相続人の一人が単独で預貯金債権についての権利行使をすることができることを認めました。一定の範囲というのは，まずは相続開始の時の債権額の3分の1に各自の法定相続分を乗じた額です。ここで「まずは」といったのは，これ以外の制限があるからですが，そのことは後で述べます。「相続開始の時の債権額」ですが，これは，個々の預貯金債権ごとに計算されます。

（例）法定相続人は，子Ａと子Ｂの2人

　相続開始時の預貯金債権は，

　　①Ｍ銀行　普通預金　　　600万円

　　②Ｍ銀行　定期預金　　　300万円

　　③Ｓ銀行　普通預金　　　100万円

　　④Ｓ銀行　定期預金　　1200万円

　子Ａが単独で権利行使をする場合，

　　①Ｍ銀行　普通預金　　　600万円×1/3×1/2＝100万円

②M銀行　定期預金　　　300万円×1/3×1/2＝50万円

③S銀行　普通預金　　　100万円×1/3×1/2＝16万6666円

④S銀行　定期預金　　　1200万円×1/3×1/2＝200万円

　というふうに計算しますから，合計で約366万円を引き出すことができる，となりそうです。が，ここで次なる制限がかかり，それは条文の網掛け部分に書かれています。「標準的な当面の必要生計費，平均的な葬式の費用の額その他の事情を勘案して預貯金債権の債務者ごとに」限度とされたのは，「民法第909条の２に規定する法務省令で定める額を定める省令」（平成30年法務省令第29号）で定めた一つの金融機関について150万円です。

　上記の例で，子Ａが単独で権利行使をすることができるのは，

　㋐　M銀行の普通預金100万円と定期預金50万円の合計150万円

　㋑　S銀行の普通預金と定期預金の合計で150万円，あるいは，S銀行の定期預金のみから150万円

ということになり，合計300万円が限度となります。

　そして，子Ａが単独で権利行使をした300万円については，遺産の一部分割により子Ａが取得したものとみなされますから，最終的な遺産分割において調整されることになります。

　最高裁決定により想定される最大の問題点は，民法改正で解決された，ということになるでしょう。

雑談タイム　7　Ｙの特別受益って？

　本講の事例において，Ｙの特別受益が気になりますよね。第一審の判決文を読んだ人はわかると思いますが，被相続人Ａ（以下「Ａ」）は，もともと妹Ｂ（以下「Ｂ」）に老後をみてもらおうと思っていました。ですから，ＡはＢにお金を送っていたのです。ちなみにＢはアメリカに住んでいました。Ａも，老後をアメリカで過ごすつもりだったんでしょうかねぇ。

　それはさておき，この送金原資には，亡父Ｃの遺産も含まれていたようです。ＡがＢに贈与した金額は平成元年だけでも，日本円にして約6000万円だったそうですから，かなりのものですね。そしてＢが先に亡くなり，Ｙが代襲相続人となります（この点については**第1講**で学習した論点が関係しますよ）が，Ｂに対する贈与をそのままＹの特別受益にすることに問題はないでしょうか？

　大阪家裁の判断は，次のとおりです。

　　「Ｃの相続において，ＡとＢとの間に取得額の不平等があり，それが，Ｃの相続における特別受益や寄与分による調整としてではなく，Ａが，Ｃの相続とは関係のないＢとの間の個人的な関係から，遺産の取得で譲歩し，自己の相続分の一部をＢに譲渡したことによって生じ，それによって，Ａの相続において，Ａの相続人である申立人〔Ａの養子Ｘ〕とＢとの間に，Ａの遺産取得において不平等を生じるような場合には，Ａの相続においては，実質面からみて，ＡからＢに対する特別受益にあたる生前贈与〔ＢにＡの老後を託すためにした贈与であり，生計の資本の贈与ということができる。〕と認めることが相当である。」

　本来はＣの相続において，きちんと調整するべきだけれど，い

まさらそれもできないし，AからBへ流れた金銭は，もとを正せばCのものだったから，この際，Aの相続において，Bの特別受益を認定して，ここで調整しよう，といってしまうと，ちょっと大雑把すぎるかもしれませんが，裁判所の判断はこのような感じではないでしょうか。

　では，Yの特別受益って？　という点については，次のとおりです。

「相手方〔以下「Y」〕は，Bにおける特別受益後のBの代襲相続人であるから，遺産分割においては，相続の公平上，YもBの特別受益を引き受けるものとすることが相当である。」

第10講　民法における遺産分割協議と
合意解除及び再分割協議の可否
【最高裁平成 2 年 9 月27日判決】

　遺産分割協議の時期について，民法は特に定めていないと述べました（民907条 1 項及び前講参照）。では，一度調った遺産分割協議をやり直すことはできるのでしょうか。

　本講では，まずは，民法上のルールについての最高裁の判断を学習し，本講を踏まえて，次講で，相続税法上のルールを学習します。

学習のポイント

　最高裁は，共同相続人全員の合意があれば，既に成立している遺産分割協議の全部又は一部の解除をし，改めて分割協議を成立させることを認めた。この判断について，民909条の規定との関係において理解する。

事実の概要

　事実の概要を，第一審（札幌地裁室蘭支部昭和60年 9 月 9 日判決）の判決文をもとに整理します。

　昭和56年12月 3 日，被相続人が死亡し相続が開始します。

　昭和57年 3 月25日，被相続人の相続人である原告 X，被告 Y，訴外 P，訴外 Q 及び訴外 R の間において遺産分割協議が成立（以下「本件遺産分割協議」）し，下記物件目録記載の土地（以下「本件土地」）を原告 X が相続しました。

〔物件目録〕

1. D市N町93番1　宅地　　　825.23㎡
2. D市N町93番5　宅地　　　　4.37㎡
3. D市N町93番6　公衆用道路　 40㎡

　ところが，本件土地には，被告Yを所有者とする所有権移転登記が経由されていましたから，原告Xが，被告Yに対し，所有権に基づき，先登記の抹消登記手続をなすことを求めて提訴しました。

被告Yの主張

　被告Yは，本件遺産分割協議の修正と本件土地の贈与との2点を主張しました。

　昭和58年1月15日，訴外Qを除く相続人間で，本件土地の持分2分の1を被告Yに，その余を訴外Q及び訴外Pに相続させる旨，本件遺産分割協議を修正する合意をし，後日，訴外Qも同意した，というのです。また，仮にそうでないとしても，昭和57年3月末ころ，訴外Qを除く相続人間で，本件土地の持分2分の1を被告Yに相続させる旨，本件遺産分割協議を修正する合意をし，同年6月15日ころ，訴外Qもこれに同意した，というのです。

　要するに，本件遺産分割協議は，訴外Qを除く相続人間で，本件土地の持分2分の1を被告Yが取得する内容で修正され，訴外Qも後日，これに同意している，ということになります。

　本件土地の贈与，という主張は，原告Xが，被告Yに対し，昭和57年3月末ころ，本件土地の持分2分の1を贈与した，とい

うものです。そして，

①　原告 X は，被告 Y に対し，同日つまり昭和57年 3 月末こ
ろ，実印を，数日後に本件土地の登記済証を各交付し，数日
後に印鑑証明書を送付したこと，

②　原告 X は，昭和58年 1 月15日，本件土地の持分のうち，
先の贈与の残り 2 分の 1 を，訴外 Q 及び訴外 P に贈与する
旨の意思表示をし，訴外 P は同日，訴外 Q はその後，いず
れも承諾したこと，

を主張しました。

遺産分割協議の修正であろうと本件土地の贈与であろうと，被
告 Y が取得したのは，本件土地の持分 2 分の 1 という主張のよ
うですから，本件土地の全部について，被告 Y の登記がされて
いる，というのは変だと思いますが……。

原告 X の主張

原告 X は，たしかに被告 Y に対して，実印，印鑑証明書及び
本件土地の登記済証を交付又は送付していたようです。困ったも
のですねぇ。

ただ，その理由については，本件土地のうち車庫に見合う分の
土地については，原告 X が被告 Y に対して贈与をしようとして
いたので，被告 Y が所有権移転登記手続をとれるようにするた
めだった，と述べています。軒先貸して母屋取られるの典型のよ
うな話だと感じましたが……。

第一審及び控訴審の判断

この事件について，第一審も控訴審[1] もともに原告 X の請求

を認容しました。ここでは，被告Yが主張した本件遺産分割協議の修正についての第一審の判決文を引用します。

> 「被告の主張する遺産分割協議の修正とは，一旦成立した遺産分割の全部又は一部を解除し，再度分割の合意をなすことをいうものと解されるところ，右のような合意が許されるかについては，消極的に解するのが相当である。即ち，民法909条本文により遡及効のある分割について再分割のくり返しが許されるとすると，法的安定性が著しくそこなわれるおそれがあるうえ，右遡及効により相続開始のときから当該権利を有することとなった者のみがその権利の処分等をなし得るものとしても，同人から贈与等を受ければ，実際上右遺産分割協議の修正と同様の結果を実現でき，当事者に不利益は生じないことからして，右遺産分割協議の修正の合意は許されないものと考えられる。」

　民法は，「遺産の分割は，相続開始の時にさかのぼってその効力を生ずる。」（民909条本文）と規定しています。この規定によれば，上記判決文のとおり，再分割が繰り返されると法的安定性は著しくそこなわれるでしょう。ただ，相続開始のときから権利を有することとなった者（ここでは原告X）から，その後，贈与等を受ければ，遺産分割協議の修正と同様の結果を実現できるのは間違いないとしても，当事者，とりわけ被告Yに不利益が生じないでしょうか？　仮に本件において相続税がかからない，つまり原告Xは相続税を支払うことなく被相続人から本件土地を相続できたとしても，その後，原告Xから贈与を受けた被告Yは

1）　札幌高裁昭和62年10月14日判決。

贈与税を負担しなければいけません。もっとも，原告 X が主張するように，車庫に相当する部分だけ，ということであれば，必ずしも贈与税がかかるわけではないかもしれません。しかしながら，通常は，被告 Y には贈与税の負担が生じます。この点をどう考えるかです。

そんなこんなも含めて，遺産分割協議はよく話し合って調えてください，というのが私の考えではありますが……。

最高裁の判断

最高裁は，次のように判示しました。

「共同相続人の全員が，既に成立している遺産分割協議の全部又は一部を合意により解除した上，改めて遺産分割協議をすることは，法律上，当然には妨げられるものではなく，上告人が主張する遺産分割協議の修正も，右のような共同相続人全員による遺産分割協議の合意解除と再分割協議を指すものと解されるから，原判決がこれを許されないものとして右主張自体を失当とした点は，法令の解釈を誤ったものといわざるを得ない。しかしながら，原判決は，その説示に徴し，上告人の右主張事実を肯認するに足りる証拠はない旨の認定判断をもしているものと解され，この認定判断は原判決挙示の証拠関係に照らして首肯するに足りるから，上告人の右主張を排斥した原審の判断は，その結論において是認することができる。」

結論としては，最高裁も第一審及び控訴審と同じく，被告 Y（上告人）の主張を認めていないのです。重要なことは，最高裁が，原審（控訴審）が法令解釈を誤っていると指摘した点です。最高裁のいう法令は，おそらく民909条本文なのだろうと思いますが，

最高裁の判示理由において，何がどう誤っているか，という点については明らかではありません。参照条文として，民545条，同907条及び同909条が掲げられており，上告代理人の上告理由に記載された点を認容したのではないかと思います。以下，上告理由から引用します。

「一般に，一旦契約を締結した場合であっても，当事者が合意すれば右契約を解除したうえ再契約をすることが可能である。

　従って，遺産分割協議が一旦成立した場合であっても，相続人全員が合意すれば，右分割協議を解除したうえ再度分割の合意をすることが当然許されると言うべきである。

　原判決は，再分割のくり返しが許されるとすれば法的安定性が著しくそこなわれると判示しているが，これは一般の契約の場合も同様であり，遺産分割についてのみ再分割が許されない理由とはならない。

　もっとも再分割により第三者の権利が害される可能性はあるが，これについては第三者を保護する別個の法理を適用することにより妥当な解決を導くことが十分に可能である。

　特に本件においては，相続財産に対して第三者の権利が発生しておらず，相続人間だけの問題であるから，再分割を認めても全く不都合がないのである。」

　上告代理人は，遺産分割協議を一般の契約と同じように考え，当事者の合意があれば，何度でもやり直せるという主張です。法的安定性，つまり，第三者の保護については，別個の法理を適用することで解決できる，としています。たしかに，遺産分割の遡及効を認める民909条も，ただし書において，第三者の権利を害することができない旨，定めています。遡及効があるから法的安

定性を害するような合意解除と再分割を認めるべきでない，という厳格な考え方ではなく，発想を転換して，第三者が保護される手当をしておけば，相続人全員の合意の下に，遺産分割の合意解除と再分割は許される，とする方が，相続人間の衡平が図られ，相続財産の共有関係の解消がより的確に行われるのかもしれません。

この判決をどう読むか

　上告理由でも，再分割により第三者の権利が害される可能性があることが指摘されていました。この第三者に，課税庁は含まれるのでしょうか？　160頁の判決文を確認してください。再分割を認めず，遺産分割協議の成立により相続開始時に遡って権利を取得した者が，その者の処分行為として他の相続人に贈与をした場合，贈与税を課税することができます。ところが，相続人全員の合意に基づいて，当初の遺産分割協議が解除され，再分割が行われた場合，贈与税の課税ができないのみならず，当初の相続税の課税を見直す必要が出てきます。課税権が及ぶ期間内であれば，是正することが可能ですが，そうでなければ……と考えると，やはり課税関係は早期に確定させる必要があるかもしれません。

　次講で，相続税法のルールについて，考えることにしましょう。

第11講 相続税法における遺産分割協議と 合意解除及び再分割協議の可否
【東京高裁平成12年1月26日判決】

　前講で，民法上は，共同相続人全員の合意があれば，既に成立している遺産分割協議の全部又は一部の解除をし，改めて分割協議を成立させることが許されることを学びました。ただ，相続税の課税関係については，法的安定性がより重視されるのではないか，という点を指摘しておきました。本講では，相続税法における遺産分割協議と合意解除及び再分割協議の可否について，学習しましょう。

　なお，本件は，最高裁にて上告不受理となり，表題の高裁判決が確定しましたから，当該判決と第一審判決（東京地裁平成11年2月25日判決）を素材とします。

学習のポイント

　相続税法の適用においても，「相続」の意義は民法におけると同様の概念によるべきものである，という大前提の下において，相続税法における遺産分割協議と合意解除及び再分割協議の可否について理解する。

事実の概要

　事実の概要を，第一審の判決文に基づいて整理します。相続関係図を見ながら，読み進めてください。

　平成3年5月17日，被相続人が死亡し相続が開始します。被相

続人の共同相続人は，妻 A，長女 B₂，養子 B₁ の代襲相続人である B₃ 及び B₄，二女 C 及び二男（非嫡出子）D です。

【相続関係図】

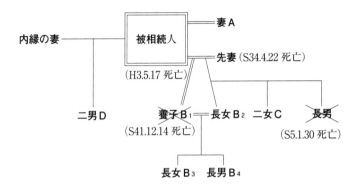

　平成 3 年11月12日，遺産分割協議（以下「第一次分割」）を行い，これに基づいて，同年11月18日，二女 C，代襲相続人 B₃ 及び B₄ 並びに二男 D が相続税の確定申告を行いました。その後に第一次分割の対象とされなかった財産につき遺産分割協議（以下「第二次分割」）を行うことになるのですが，第一次分割及び第二次分割の内容を次のページの表[1] にまとめてみました。

---

1)　次のページの表は，日税連税法データベースTAINSに掲載（Z 240-8351）されているものを，筆者が修正しています。

【第一次分割及び第二次分割の内容】

遺産取得者	第一次分割		第二次分割	
	財産の名称	金額(千円)	財産の名称	金額(千円)
原告(二女) C	1 建物	79,878	1 第一次分割財産	986,096
	2 株式	813,097	2 定期預金既経過利息	651
	3 証券投資信託	19,388	3 立替金	5,000
	4 預貯金	73,731	A に対する代償債務	△380,000
	(小計)	986,096	(小計)	611,747
原告(妻) A			1 株式	63,596
			2 転換社債	13,463
			3 割引債券	912,700
			4 証券投資信託	711,481
			5 現金	79,600
			C に対する代償債権	380,000
	(小計)	0	(小計)	2,160,840
原告(代襲相続人) B₃	1 マンション	24,302	1 第一次分割財産	109,106※
	2 宝石・貴金属	86,175	2 現金	20,000
			B₄ に対する代償債権	100,000
	(小計)	110,477	(小計)	229,106
原告(代襲相続人) B₄	1 土地・建物	941,389	1 第一次分割財産	1,219,281
	2 土地・建物	81,960	2 庭園設備	5,600
	3 株式	18,321	3 現金	82,000
	4 証券投資信託	23,685	4 定期預金既経過利息	1,180
	5 現金・預貯金	139,983	5 立替金	8,000
	6 貸付金	16,900	B₃ に対する代償債務	△100,000
	7 未収金	1,724	D に対する代償債務	△100,000
	8 金延板ほか金製品	28,883		
	9 家庭用動産等	8,500		
	10 債務	△42,065		
	(小計)	1,219,281	(小計)	1,116,062
二男 D	1 ゴルフ会員権	82,600	1 第一次分割財産	82,600
			B₄ に対する代償債権	100,000
	(小計)	82,600	(小計)	182,600
	《合計》	2,398,455	《合計》	4,300,357

※評価誤りを訂正したため，△1,371千円となっている。

　表を見て，何か感じませんか？　まず，第一次分割によって分割された財産の合計が約24億円，第二次分割を終えた後の財産の

合計が約43億円ですから，第二次分割まで留保された遺産額が全体の約44％であることがわかります。この額あるいは割合を多いと思うかどうかはさておき，定期預金既経過利息を除く第二次分割に係る財産の大半を，被相続人死亡後，二女Ｃが管理していたこと，そして，その事実を二女Ｃが他の相続人らに知らせていなかったことが，事実関係として記されています。

平成5年7月31日に，第二次分割に係る協議が行われるのですが，これに先立つ平成5年4月13日に，東京国税局が当初申告に係る税務調査を開始しており，同年6月29日に査察調査に切り換えています。巨額の申告漏れが当局に把握されていたとしか思われれません。

第二次分割では，すべての財産を妻Ａに取得させることに，一旦，話がまとまったようです。私の個人的な推測に留まりますが，これだけの未分割財産が発見されましたから，とりあえず妻Ａに財産を取得させて，配偶者の税額軽減を使ってもらわないことには，相続税の負担がかなりなものになる，ということではないでしょうか。ところが，税理士からの説明によると，代襲相続人B₃及び二男Ｄは，第二次分割において新たに財産を取得しないにもかかわらず，各自の納付税額が増加する結果となることがわかり，それを不服としたようです。全体の遺産額が増えれば，相続税の総額が増えます。ですから，仮に新たに財産を取得せず，また，総遺産額に占める各人の取得遺産額の割合が下がったとしても，納付すべき税額は反射的に増えてしまうのです。相続税の全体構造が理解できていれば，容易に想像できますね。再度検討がされ，結局，表の第二次分割の欄のとおり協議が調ったのは，

平成 6 年 8 月11日でした。

　以上に基づいて，代襲相続人 B₃及び B₄並びに二男 D が相続税の修正申告を，二女 C が相続税の更正の請求を，妻 A が相続税の確定申告を，それぞれ行いました。

　平成 6 年11月14日付けで，税務署長（以下「被告 Y」）が以下の各処分を行いました。
　1．二女 C に対して，更正をすべき理由がない旨の通知並びに相続税の更正及び過少申告加算税，重加算税の各賦課決定
　2．代襲相続人 B₄に対して，相続税の更正及び過少申告加算税賦課決定
　3．妻 A（以下「原告 A」）及び代襲相続人 B₃（以下「原告 B₃」）に対して，それぞれ平成 5 年分の贈与税の各決定及び各無申告加算税賦課決定

争　　点

　ここで，もう一度，表の原告 C の欄を確認してください。

　原告 C は，第二次分割において，原告 A に支払わなければいけない代償債務が 3 億8000万円にのぼりますが，原告 C が第二次分割で取得した財産は，定期預金既経過利息と立替金のみで約565万円にすぎません。代償債務を負担するためには，原告 C に固有の財産があればともかく，第一次分割で取得した預貯金7300万円と株式（約 8 億円）の換価処分代金を充てなければならないでしょう。同様のことが，原告 B₄についてもいえます。この点が本件の争点です。要するに，第一次分割財産の帰属を前提にしないと，第二次分割で決まった代償債務を負担できないのではな

いか，ということです。第一審判決文を引用すると，

「第二次分割により，原告Cと原告B₄が負担することとなった代償債務のうち，原告Cと原告B₄が第二次分割によって取得した積極財産を上回る部分に相当する額を第一次分割により帰属が確定した財産の移転（贈与）あるいは代償債務の他の部分と同様の相続による財産の移転のいずれとみるべきか」

というのが争点なのです。

被告Yの主張

上記争点に係る被告Yの主張を，第一審判決文から引用して整理します。

1．「第一次分割は遺産分割として有効であるから，第一次分割の効果として，第一次分割財産として列挙された個々の財産，債務は，それを取得すべきものとされた者に帰属した。」

2．「第二次分割協議書の冒頭の記載によれば，第二次分割の対象が第二次分割財産に限定されていることは明らかであり，実際に第二次分割において分割の対象とされたものは，第二次分割財産のみである。」

3．「第二次分割は，第一次分割とは別個の遺産を分割する行為であるが，その一方で，原告C及び原告B₄が第二次分割で取得した積極財産を上回る代償債務を負担するという方法により，第一次分割に基づいて各相続人に有効に帰属することとなった相続財産についても，その帰属の確定を維持したまま，その財産的利益に着目してこれを再配分することを目的とするものと認められる。」

「遺産の再分割において，当初の遺産分割により共同相続人

に分属した財産を再分配に供した場合には，その再分配により取得した財産は，当初の遺産分割により当該財産を取得した者から贈与又は交換などによって取得したものというべきである（本件通達[※]ただし書は，この点を注意的に明らかにしたものである。)。」

※「**本件通達**」

(判決文では，相続税法基本通達（昭和34年 1 月28日直資10）19の 2 - 9 と記載されているが，正しくは19の 2 - 8)。

《相続税法基本通達（昭和34年 1 月28日直資10）19の 2 - 8 》

　法第19条の 2 第 2 項に規定する「分割」とは，相続開始後において相続又は包括遺贈により取得した財産を現実に共同相続人又は包括受遺者に分属させることをいい，その分割の方法が現物分割，代償分割若しくは換価分割であるか，またその分割の手続が協議，調停若しくは審判による分割であるかを問わないのであるから留意する。

　ただし，当初の分割により共同相続人又は包括受遺者に分属した財産を分割のやり直しとして再配分した場合には，その再配分により取得した財産は，同項に規定する分割により取得したものとはならないのであるから留意する。〔以下略〕

4．「共同相続人の全員が，既に成立している遺産分割協議の全部又は一部を合意により解除した上，改めて遺産分割協議を行うことは，法律上，当然には妨げられるものではないが，遺産分割協議の合意解除及び再分割協議で，やむを得ない理由により行われたものでないもの，すなわち，必然的かつ合理的理由もなく共同相続人間の単なる私的事情により行われるものは，遺産分割協議の合意解除及び再分割協議の法形式

を利用していても，共同相続人間での自由な財産の移転だけを意図した贈与・交換にほかならないから，本件通達が示すとおり，当初の遺産分割協議に無効又は取り消し得べき原因があるか，又は遺産分割協議の合意解除及び再分割協議が真にやむを得ない理由によってされたものであるという事情がない限り，その再分割により取得した財産は遺産分割ではなく，贈与・交換等による新たな財産の移転により取得したものというべきである」

　被告Yが認定した「共同相続人間の単なる私的事情」として，①第二次分割は第二次分割財産が査察調査により発覚したため，行われることとなったこと，②被相続人は，昭和60年6月14日付けで，公正証書による遺言（以下「本件遺言」）をしているが，本件遺言は原告Aには一切相続させないものとしており，原告Aによる遺留分の放棄の申述，第一次分割の内容及び被相続人の家系を継ぐ原告C，原告B₄及び原告B₃に第二次分割財産を相続させるべきであると考えていることがうかがえる原告Aの検察官に対する供述は，本件遺言の趣旨に沿うものであるにもかかわらず，第二次分割においては，総遺産の2分の1相当額の財産を原告Aが取得するものとされたこと，などが挙げられています。

原告らの主張

　原告A，原告C，原告B₄及び原告B₃を合わせて，以下，「原告ら」ということにします。上記被告Yの主張の2.と，4.の「私的事情」に係る上記②の事実に対する原告らの主張を，第一審判決文から引用して整理します。

1．「第二次分割協議書の文言上，その対象財産から第一次分割財産を除くような記載となっているが，これは，第二次分割協議書の原案を作成したＳ税理士及びＮ税理士において，当時，共同相続人全員の合意をもって既に成立している遺産分割協議の全部又は一部を解除し，改めて分割協議を成立させることは法律上可能である旨を判示した最高裁判所平成2年9月27日第一小法廷判決（民集44巻6号995頁），第一次遺産分割協議の後，配偶者控除額をはるかに下回る妻の相続分を配偶者控除額に近づけるべく第二次遺産分割協議を成立させた事案につき，再分割協議による妻の持分取得は地方税法73条の7第1号所定の不動産取得税の非課税事由である『相続による不動産の取得』に該当するから，右取得部分を新たな財産の取得としてされた賦課処分を取り消した原審判断を維持した最高裁判所昭和62年1月22日第一小法廷判決（裁判集民事150号65頁）の存在を知らなかったこと，また本件通達ただし書の定めが存在する以上，税務当局との争いになるのは必定であると考え，第一次分割をやり直すことにはリスクが非常に大きいと懸念していたことによるものであり，第二次分割の対象財産が第一次分割財産に第二次分割財産を加えた被相続人の遺産全体であったことは，第二次分割の成立の経緯及びその内容に照らして明らかである。」

2．「原告Ａは，被相続人から，かねがね，不動産など大谷家の所有名義であることが示されている大谷家の財産については承継させない旨言い渡されていたため，原告Ａは相続財産を取得しない旨の第一次分割を成立させたが，第一次分割後に約19億円相当の第二次分割財産の存在が明らかとなったため，大谷家の所有名義が示されていない第二次分割財産の取得を希望した。そして，原告Ｃは，この際，原告Ａが被相続人の遺産につき，法定相続分どおりのものを取得するような遺産分割を行いたいと考え，他の相続人らも同様の考えであったことから，法定相続分どおり相続

財産の２分の１を原告Ａに取得させるように遺産を分割するとの
合意が成立」

「原告Ａには大谷家の名義に係る財産は承継させないとの被相続
　人の生前の意向と原告Ａが法定相続分どおり遺産の２分の１を
　取得するとの前記本件相続人ら全員の合意の双方を満たし，右
　合意内容に近づけるべく，原告Ｃが原告Ａに対して３億8000万
　円の代償債務を負担することとし，他方，その結果，新たな財
　産を取得しないのに相続税のみが増えることになる原告B₃及び
　二男Ｄに対する調整を図るため，原告B₄が両名に対して１億円
　ずつの代償債務を負担することとした。」

　何となく，後出しジャンケン的な主張のように私には思われま
すが，みなさんはどのように感じられたでしょうか。

裁判所の判断

　高裁は，第一審の判決を引用し，その結論を支持しました。こ
こでは，第一審判決文を引用しつつ，箇条書きで整理することに
します。

1．共同相続人による遺産分割の再施の法的性質
　「遺産の一部についての遺産分割協議の成立後に，右遺産分割
協議を一旦解除した上で，その対象財産と共に残部を含めた遺
産全体について，代償債務の負担を含む再度の遺産分割協議を
成立させることも可能と解すべきである。そして，右のような
再度の分割協議も民法上の遺産分割協議ということができるか
ら，再度の遺産分割協議が有効に成立した場合には，当初の遺
産分割協議によって一旦は帰属の定まった財産であっても，再
度の遺産分割協議によって，相続開始の時に遡って相続を原因

としてその帰属が確定されることになる。」

「既に成立した遺産分割協議の全部又は一部の合意解除の成否は，意思表示の解釈に関する一般原則に従って判断すべきものであるから，明示的な解除の合意が認められる場合に限らず，当初及び再度の遺産分割協議の内容の相違，再度の遺産分割協議が行われるに至った原因，経緯，時期，目的，関係当事者の認識等の諸事情を総合して，再度の遺産分割協議が当初の遺産分割協議の全部又は一部の合意解除を前提として成立したものと認められる場合には，黙示的な合意解除が肯認され得るものというべきであり，他方，解除の合意と目すべき事実がある場合でも，右に掲げた諸事情に照らして，再度の分割協議が当初の分割協議によって帰属が確定した財産の移転を分割協議の名の下に移転するものと認められる場合には，その合意に基づく財産権の移転の効力を肯定することができるとしても，その原因を相続によるものということはできないというべきである。

そして，相続税法は同法に固有の『相続』概念を規定するものではなく，相続税法の適用においても『相続』の意義は民法におけると同様の概念によるべきものであるから，右に説示したことが妥当するものと解すべきである。」

2．第一次分割と第二次分割との関係及び第二次分割の趣旨について

「第一次分割が有効に成立したことは当事者間に争いがなく，第一次分割は，被相続人の遺産（財産，債務）を列挙した上で，それを分配する，いわゆる現物分割の方法によるものであるから，この分割協議が解除されない限り，第一次分割財産の帰属は第一次分割の成立によって確定したことになる。

そして，右事実関係，特に第二次分割協議書の記載内容及びその作成経過に照らせば，第二次分割協議書は第一次分割協議

書を解除することなく，その効力を維持した上で，第二次分割財産のみを対象とする遺産分割協議書として作成されたものというべきであり，その前提として第一次分割協議書の解除が明示的に合意されたと認めることはできない。」

「ところで，当初分割協議と再分割協議がその内容において抵触する場合には，その抵触する範囲で当初分割協議が黙示的に合意解除されたものと認め得べき場合が想定される。

この点を本件の第二次分割についてみると，第一次分割のいかなる部分との抵触を生じているかを特定することはできない上，第二次分割協議の成立過程に照らしても，あえて第一次分割の合意解除という方式を採用しないこととしたというのであるから，両者の内容の対比及び第二次分割合意の成立過程から第一次分割協議を解除する旨の黙示的合意を認めることはできない。」

「第二次分割は，第二次分割財産の出現に対応して，原告 A に換金性の高い財産をもってその法定相続分に相応する財産を取得させることを主たる目的として行われたというのであるが，代償債務とは，遺産分割の方法として，共同相続人の一人又は数人に他の共同相続人に対し債務を負担させて，現物をもってする分割に代えるもの（家事審判規則109条）であるところ，第一次分割財産中には原告 C が取得した9億0621万8050円相当の株式，証券投資信託，預貯金等の換金性のある財産が存在したのであるから，第二次分割協議が第一次分割財産をもその対象に含んでいたとすれば，第二次分割における原告 C の原告 A に対する代償債務は第一次分割財産のうち原告 C が取得した換金性のある財産について第一次分割を合意解除し，これを原告 A に取得させることにより目的を達成することができるのであって，関係当事者間に債権債務の履行問題を残す代償債権・債

務による調整方法を採用する合理性はないのであり，しかも，原告Ａは換金性のある財産の出現により，相応の分配を求めたもので，第一次分割財産に含まれていた不動産の財産価値からの分配を求めたものではないというのであるから，このことからしても，原告Ａが不動産等を含む全遺産の２分の１を求める理由は認められず，原告Ａが法定相続分に相応する２分の１の財産を当然に取得する根拠もないというべきである。

　また，原告B₃，Ｄに対する代償債権の付与は，第二次分割による相続税額の増加に対処するものであったというに止まり，この目的を達成するために第一次分割合意を合意解除し，新たな租税負担を考慮して分割協議を再施することも考えられなくはないが，反面，多額の財産を相続した者がその増加分を贈与することによって負担の調整を図ることも可能であるから，既に説示した点をも考慮すれば，原告B₃，Ｄに対する代償債権の付与についても第一次分割協議の内容と抵触するということは困難であり，第一次分割の合意解除を前提とするものということはできない。」

　引用が長くなってしまいました。第一次分割と第二次分割との関係及び第二次分割の趣旨について，第一審判決は，事実関係を丁寧に拾い上げて，もう少し続きます。まとめの部分だけを引用します。

　「第二次分割は，第一次分割の明示的又は黙示的な合意解除を前提とするものではなく，第一次分割とは独立して，第二次分割の分割のみを合意したものであるというべきであるから，第二次分割において，原告Ｃが原告Ａに対し，原告B₄が原告B₃及びＤに対し，そ

れぞれ負担する旨を合意した代償債務のうち，第二次分割において
原告 C，原告 B₄ が取得することとされた積極財産の額を超える部
分は，現物をもってする分割に代える代償債務には該当せず，原告
C，原告 B₄ からそれぞれ原告 A，原告 B₃ 及び D に対して新たに
経済的利益を無償にて移転する趣旨でされたものというべきであり，
そうであれば，原告 C，原告 B₄ の右各代償債務のうちそれぞれが
第二次分割により取得する積極財産を超える部分については，原告
C 及び原告 B₄ の相続税の課税価格の算定に当たって，消極財産と
して控除すべきものではなく，右各部分に相当する原告 A 及び原告
B₃ が取得した代償債権の額は，それぞれ，原告 C 及び原告 B₄ から
贈与により取得したものというべきである。」

この判決をどう読むか

　本件の結論だけをみると，民法上の理解と相続税法上の理解と
は必ずしも一致しない，というふうにみえなくもありません。し
かしながら，（判決文の長い引用にウンザリしたかもしれませんが）内
容をきちんと読むと，相続税法においても，共同相続人全員の合
意があれば，既に成立している遺産分割協議の全部又は一部の解
除をし，改めて分割協議を成立させることが全否定されているわ
けではない，というふうに読むことができるのではないかと思い
ます。たしかに，通則法23条2項3号に基づく更正の請求をしよ
うとする場合においても，契約の解除については，解除権の行使
によって解除されたか，若しくは契約の成立後生じたやむを得な
い事情によって解除され，又は取り消された場合に限られ（国税
通則法施行令6条1項2号），その判断は極めて厳格に行われます。
　本件においても，裁判所は，合意解除があったかなかったか，

あるいは，そもそも合意解除が必要であったかそうでなかったか，という点について，事実関係に基づいて丁寧な検証を行いました。この判決から，何事も横着してはいけないということを学んだように，私は感じました。税額の大きさに愕然とすることは誰しもありがちなことですが，だからといって，中途半端な知識に基づいて，税額を極端に始末しようとすると，そこには大きな落とし穴が待ち受けています。民法も相続税法も，正確に理解し，かつ，きちんとした手続を踏むことが必要です。

第11講補講　錯誤による遺産の再分割に基づく更正の請求期間内における更正の請求の可否

【東京地裁平成21年2月27日判決】

　本件は，遺産分割に基づき相続税の期限内申告をしたものの，錯誤により分割をやり直したため，相続税の更正の請求をした事件です。結論からいうと，裁判所は納税者の主張を認めて，課税処分（更正処分及び加算税の賦課決定処分）の一部を取り消しました。そして，この判決は確定しています。

> ### 学習のポイント
> 　錯誤による遺産分割のやり直しが認められ，かつ，相続税の是正が認められる場合の要件について，具体的事例を通じて理解する。

事実の概要

　事実の概要を箇条書きに整理します。

(1)① 　平成14年8月26日，被相続人A（以下「A」）が死亡し，相続が開始しました（以下「本件相続」）。Aの相続人は，妻（以下「原告乙」），長男（以下「原告甲」），二男（以下「原告丙」），及び長女（以下「原告丁」）の4名です。

② 　Aの相続に際し，Aの孫6名が，下記のとおり生命保険金等を取得しました。

原告戊＝700万4788円，

原告B・原告C・原告D・原告F・原告G＝各560万

3823円

(2)① Aの相続財産には，J株式会社（以下「本件会社」）の株式155万4024株が含まれており，本件相続の開始前，原告乙は，本件会社の株式25万8500株を有していました。

本件相続の開始当時，本件会社の従業員数は729人であり，財産評価基本通達（平成15年5月15日付け課評2-6ほかによる改正前のもの）178にいう大会社に該当しました。

② 本件会社の株主のうち，K株式会社（以下「K」）及びL株式会社（以下「L」）については，本件会社が上記2社の発行済株式の総数の4分の1を超える株式を保有していたため，商法241条3項の規定により本件会社の株式につき議決権を有しませんでした。つまり，本件会社における各株主の持株割合の計算においては，Kの有する株式11万7000株及びLの有する株式43万9000株（合計55万6000株）は，発行済株式数から控除すべきものでした。

③ 相続人らは，本件相続に係る遺産分割協議に際して，相続税の負担等について，M税理士（以下「本件税理士」）に相談し，同税理士の助言を受けていました。

(3) 平成15年5月17日，相続人らは遺産分割協議を行い，Aの相続財産である本件会社の株式155万4024株について，次のように合意（第1次遺産分割）しました。

原告乙……………………718,300株取得

原告甲及び原告丙………各350,000株取得

原告丁……………………135,724株取得

このように配分すると配当還元方式の適用を受けられる，という本件税理士の助言に基づいて合意したものでした。

相続開始時		第1次遺産分割	
A	1,554,024株	原告甲	350,000株
		原告乙	718,300株
		原告丙	350,000株
		原告丁	135,724株
原告乙	258,500株	原告乙	258,500株
K	117,000株	K	117,000株
L	439,000株	L	439,000株

(4)① 平成15年6月19日，原告乙が取得する株式を配当還元方式により評価し，原告らは，本件相続に係る相続税の確定申告をしました。

② 相続税の確定申告後，相続人らは，第1次遺産分割による株式の配分を前提とする本来の評価を行うと，原告乙の持株割合が5％以上となり，類似業種比準方式の適用により評価が高額となることを認識するに至りました。

(5)① 平成15年10月，相続人らは，遺産分割の再協議を行い，Aの相続財産である本件会社の株式155万4024株について，次のように合意（第2次遺産分割）しました。

　　　原告乙……………………564,276株取得（△154,024株）

　　　原告甲及び原告丙……各427,012株取得（各＋77,012株）

　　　原告丁……………………135,724株取得（異動なし）

② 平成15年11月6日，第2次遺産分割の内容を前提として，原告乙が更正の請求（取得株式数の錯誤及び相次相続控除の適用漏れ），原告丁が更正の請求（相次相続控除及び贈与税額控除の適用漏れ），原告F及び原告Gが更正の請求（贈与税額控除の適用漏れ），原告甲及び原告丙が修正申告（取得株式数

の増加）をしました。

争　　点

　本件の争点は，相続税の法定申告期限後に，第1次遺産分割を
錯誤（課税価格の前提となる株式の評価方法の誤信を原因とする）に
より無効とし，株式の配分を変更する第2次遺産分割を行い，更正
の請求の期間内に更正の請求をすることによって，相続税額の減
額更正を求めることができるか否か，です。

原告らの主張

　原告らは，まず，更正の請求の制度とは，「納税者が自らの申
告により確定させた税額が過大であることを法定申告期限後に気
付いた場合に，納税者の側からその変更・是正を求めることがで
きる」ものであると主張しました。そして，「本件のように錯誤
による無効の場合はもちろん，仮に法定申告期限後の全員の合意
による解除であるとしても，更正の請求が更正請求期間内に行わ
れており，国税通則法23条1項1号所定の更正の事由に該当する
以上，処分行政庁は減額更正を認めるべき法的義務がある。」と
述べました。

　本件の場合は，あくまでも錯誤無効だといいつつ，仮に合意解
除であったとしても，国税通則法23条1項1号に該当する場合は，
更正の請求が認められるべきだ，という主張のようです。

　次に，「更正の請求においては，通常の錯誤と課税負担の錯誤
を区別することなく，その無効を主張することができ，更正請求
期間内であるにもかかわらず，錯誤を主張することができないと
は到底考えられない。」と主張しました。

個人的には，原告らが主張する「通常の錯誤」が何を意味しているのか，よくわかりません。ここでは，遺産分割において争われる錯誤，たとえば，相続人の一人または数人が，多額の遺産の存在を知らずに遺産分割の合意をした場合などを想定しておこうと思います。

また，「課税当局から調査を受け，誤りの指摘を受けてから更正の請求をしたものではない」という点も主張していました。

被告の主張

☆原則論

被告は，まず，次のように主張して，原則論を展開します。

「租税法規は，経済活動ないし経済現象を課税の対象としており，それらは第一次的には私法によって規律されていることから，その私法上の法律関係が無効等であれば，その法律関係を前提に行われた申告は，原則として，『課税標準若しくは税額等の計算が国税に関する法律の規定に従っていなかったこと』（国税通則法23条1項1号）に該当すると考えられる。

したがって，遺産分割が一般の要素の錯誤により無効である場合には，そもそも遺産分割がされていない状態にあると解されるので，相続税法55条により法定相続分等に従って遺産を取得したものとして計算された相続税の税額よりも，『当該申告書の提出により納付すべき税額（中略）が過大であるとき』は，国税通則法23条1項1号による更正の請求が可能である」

被告がいう「遺産分割が一般の要素の錯誤により無効」というのが，次のところで展開される主張の中の「通常の錯誤」と思われ，原告らがいう「通常の錯誤」にも一致するものと考えられま

す。

　次の被告の主張で注目すべき点は，「通常の錯誤と課税負担の
錯誤は同列には論じられない。」という点です。長くなりますが，
続けて引用します。

　　「納税義務者は，納税義務の発生の原因となる私法上の法律行為
　を行った場合，当該法律行為の際に予定していなかった納税義務が
　生じたり，当該法律行為の際に予定していたものよりも重い納税義
　務が生じることが判明した結果，この課税負担の錯誤が当該法律行
　為の要素の錯誤に当たるとして，当該法律行為が無効であることを，
　法定申告期限を経過した時点で主張することは許されない。
　　申告納税方式を採用し，申告義務の違反及び脱税に対しては加算
　税を課している結果，安易に納税義務の発生の原因となる法律行為
　の錯誤無効を認めて納税義務を免れさせたのでは，納税者間の公平
　を害し，租税法律関係を不安定なものとし，ひいては申告納税方式
　の破壊につながるからである。
　　そもそも，申告納税制度の下では，自己の課税標準・税額等に関
　わる事情について最も精通した納税者自身が，自己の責任において，
　自己の課税標準・税額などについて精査・検討を尽くした上で正確
　な申告を行い，自己の納税義務を確定させることが期待されている。
　納税義務の成立から法定申告期限までに相当の期間が設けられてい
　るのも，かかる精査・検討を尽くすための時間的余裕を納税者に与
　える趣旨である。課税庁は，納税者が，ある法律行為が有効である
　ことを前提に申告をした場合，当該法律行為が有効であることを信
　頼することが合理的であり，法定申告期限後に，課税処分又は修正
　申告の勧奨を受けるや，にわかに課税庁に対し，納税義務の発生原
　因となる法律行為に課税負担の錯誤があったとして法律行為の無効
　を主張することは，課税庁の合理的な期待・信頼を裏切るものであ
　る上，納税者自身が前提としていた当該法律行為の有効性を自ら翻

すものであり，納税者について法定申告期限までに自己の課税標準や税額等について精査・検討をする機会が保障されていることにかんがみると，租税法上の信義則ないし禁反言の法理に反し，許されないものというべきである。」

被告は，このあとさらに，遺産分割無効の主張が許される場合であっても，この場合は未分割の状態になるので，まずは，相法55条に基づく修正等が必要だという主張をしますが，この点については割愛します。

☆ちょっと言わせて

被告の主張に，現場の税理士としては，以下のように思います。

相続税の納税義務の成立は，税法上は相続又は遺贈により財産を取得した時ですが，遺産分割や遺言の効力発生の時期を考えると，相続開始の時ということになります。そして，相続税の法定申告期限は相続の開始を知った日の翌日から10カ月目の日（平成4年法律第16号による改正前は6カ月でした）ですが，この10カ月という期間が，本当に「相当」といえるでしょうか。十分だと思う方もおられるかもしれませんが，個人的には，さほど時間的余裕があるとは思えません。

たしかに，申告納税制度の下では，自己の課税標準や税額等に関わる事情に最も精通しているのは納税者自身ですが，納税者が最も精通しているのは「事情」であって，かならずしも課税標準や税額等にまで精通しているとはいえないのではないか，と思います（だからこそ税理士が必要とされている，という状況であればいいのですが）。

「そんなはずではなかった」といってむやみやたらに法律行為

の有効性を翻すのはいかがなものかと思いますが,「そんなはずではなかった」の陰に,「知っていたらこんなことはしなかった」という場合もあるのではないでしょうか。「納税者間の公平を害し,租税法律関係を不安定なものとし,ひいては申告納税方式の破壊につなが」り,「租税法上の信義則ないし禁反言の法理に反し,許されない」とまでいわれたくないなぁ,と思います。

判　旨

　裁判所は,本件における遺産分割の私法上の効力について,次のように述べました。

　「第1次遺産分割の協議においては,本件会社の株式の評価につき,配当還元方式によるか類似業種比準方式によるかで合計約19億円の相違が生ずることとなることから〔略〕,配当還元方式の適用を受けられる株式の配分方法を採ることを分割の方針として明示した上で,その方法について本件税理士に相談し,同税理士から所轄税務署との相談も踏まえた検討結果に基づく助言を受け,その助言に従い,配当還元方式の適用を受けられる株式の配分方法との誤信の下に,第1次遺産分割の合意に至っているものと認められることからすれば,原告乙が遺産分割により取得する株式について,配当還元方式による評価によることが,第1次遺産分割に当たっての重要な動機として明示的に表示され,第1次遺産分割の意思表示の内容となっていたものと認められ,かつ,その評価方法についての動機の錯誤がなかったならば相続人らはその意思表示をしなかったであろうと認められるから,第1次遺産分割のうち株式の配分に係る部分には要素の錯誤があったと認めるのが相当である。」
　「相続人らが本件会社の株式の評価方法を誤信したのは,本件税理

士が評価通達上控除を要する関連会社の相互保有株式の存否の確認を怠って誤って助言をしたことに起因するものであり，事柄の内容も税務の専門家でない相続人らにとって同税理士の助言の誤りに直ちに気付くのが容易なものとはいえないと認められることからすれば，その誤信について，相続人らに過失があったことは否めないものの，過失の程度は通常要求される義務を著しく欠いているものとまでは認められず，相続人らに重大な過失があったということはできない。」

「したがって，本件における遺産分割の私法上の効力については，第１次遺産分割のうち，本件会社の株式の配分に係る部分は，要素の錯誤により無効であり，その余の部分は有効であって，当該株式の配分に係る部分は，第２次遺産分割により補充されており，これらの遺産分割の効力は相続開始時に遡及して生じている（民法909条）というべきである」

そして本題です。第１次遺産分割のうち本件会社の株式の配分に係る部分が課税負担の前提事項の錯誤により無効であることを前提として，第１次遺産分割に基づく相続税の申告をした原告らが，法定申告期限後，更正請求期間内に，被告に対して，更正の請求をすることの可否に対する判断です。

「分割内容自体の錯誤と異なり，課税負担の錯誤に関しては，それが要素の錯誤に該当する場合であっても，我が国の租税法制が，相続税に関し，申告納税制度を採用し，申告義務の懈怠等に対し加算税等の制裁を課していること，相続税の法定申告期限は相続の開始を知った日から原則として10月以内とされており，申告者は，その間に取得財産の価値の軽重と課税負担の軽重等を相応に検討し忖度

した上で相続税の申告を行い得ること等にかんがみると，法定申告期限を経過した後も，更なる課税負担の軽減のみを目的とする課税負担の錯誤の主張を無制限に認め，当該遺産分割が無効であるとして納税義務を免れさせたのでは，租税法律関係が不安定となり，納税者間の公平を害し，申告納税制度の趣旨・構造に背馳することとなり，このことは，（ａ）申告者が，法定申告期限後の課税庁による申告内容の調査時の指摘，修正申告の勧奨，更正処分等を受けた後に自らの申告内容を翻し，更正請求期間内に更正の請求の手続を執ることなく，更正処分等の取消訴訟において錯誤無効を主張する場合，（ｂ）新たな遺産分割の合意による分割内容の変更をしていないため，当初の遺産分割の経済的成果が実質的に残存し得る場合，（ｃ）法定申告期限後に更なる課税負担の軽減のみを目的とする錯誤無効の主張を安易に繰り返す場合等には，税法上の信義則の観点からも，看過し難い。したがって，上記の申告納税制度の趣旨・構造及び税法上の信義則に照らすと，申告者は，法定申告期限後は，課税庁に対し，原則として，課税負担又はその前提事項の錯誤を理由として当該遺産分割が無効であることを主張することはできず，例外的にその主張が許されるのは，分割内容自体の錯誤との権衡等にも照らし，〈１〉申告者が，更正請求期間内に，かつ，課税庁の調査時の指摘，修正申告の勧奨，更正処分等を受ける前に，自ら誤信に気付いて，更正の請求をし，〈２〉更正請求期間内に，新たな遺産分割の合意による分割内容の変更をして，当初の遺産分割の経済的成果を完全に消失させており，かつ，〈３〉その分割内容の変更がやむを得ない事情により誤信の内容を是正する一回的なものであると認められる場合のように，更正請求期間内にされた更正の請求においてその主張を認めても上記の弊害が生ずるおそれがなく，申告納税制度の趣旨・構造及び租税法上の信義則に反するとはいえないと認めるべき特段の事情がある場合に限られるものと解するのが相当

である」

　このあと，裁判所は，本件について，「特段の事情」があるか否かを検討し，結論として，「以上によれば，原告乙の更正の請求は理由があり，同原告の納付すべき税額は，同原告が取得する本件会社の株式について配当還元方式により評価した価額を前提として，減額更正をすべきであったことになるので，同原告を含む原告らの納付すべき税額は，同原告が取得する本件会社の株式につき配当還元方式により評価した価額に基づいて原告らの本件相続に係る課税価格を算出し，これを前提として算定すべきものと認められる。」としました。

この判決をどう読むか

　裁判所の判断は，被告の考え方（原則論）に対して例外の存在を認めたこと，そして，例外を認めるためには特段の事情が必要であること，この特段の事情についての判定要素を設定したこと，という点において，評価できると思います。

　要素の錯誤における重大な過失の存否が検討されるところで，「事柄の内容も税務の専門家でない相続人らにとって同税理士の助言の誤りに直ちに気付くのが容易なものとはいえない」との裁判所の弁，納税者としては救いを感じましたが，税理士としては心して相続税実務を行うべき，と襟を正す思いでした。

雑談タイム　8　錯誤無効から錯誤取消しへ

　民法の一部を改正する法律（平成29年法律第44号）により，錯誤についての規定が改正されています。

☆新旧対照表

民95条	旧民〈平29法44前〉95条
意思表示は，次に掲げる錯誤に基づくものであって，その錯誤が法律行為の目的及び取引上の社会通念に照らして重要なものであるときは，取り消すことができる。 一　意思表示に対応する意思を欠く錯誤 二　表意者が法律行為の基礎とした事情についてのその認識が真実に反する錯誤 2　前項第2号の規定による意思表示の取消しは，その事情が法律行為の基礎とされていることが表示されていたときに限り，することができる。 3　錯誤が表意者の重大な過失によるものであった場合には，次に掲げる場合を除き，第1項の規定による意思表示の取消しをすることができない。 一　相手方が表意者に錯誤があることを知り，又は重大な過失によって知らなかったとき。 二　相手方が表意者と同一の錯誤に陥っていたとき。	意思表示は，法律行為の要素に錯誤があったときは，無効とする。ただし，表意者に重大な過失があったときは，表意者は，自らその無効を主張することができない。

<blockquote>
4　第一項の規定による意思表示の取消しは，善意でかつ過失がない第三者に対抗することができない。
</blockquote>

☆改正の理由

　現行の民法の条文が，旧法に比べてかなり長くなりました。「法律行為の要素に錯誤」という要件について，錯誤の類型の区別を明示した，動機の錯誤の特則を新設した，というのがその理由のようですが，ここでは，効果，つまり無効から取消しになったことについて，述べておきます。

　そもそも無効というのは，いつでもだれでも主張することができます。ところが，錯誤無効について，判例（最高裁昭和40年9月10日判決）は，表意者のみがその無効を主張できる[1]としていました。また，表意者に責任が乏しい詐欺の場合は「取り消すことができる」（民96条1項）となっており，かつ，取消権の期間に制限があります（民126条）。

　過去の判例の積み重ねと他の規定との均衡を図ることから，錯誤の効果を無効から取消しに改めたとされています。

1）「原判決は，民法95条の律意は瑕疵ある意思表示をした当事者を保護しようとするにあるから，表意者自身において，その意思表示に何らの瑕疵も認めず，錯誤を理由として意思表示の無効を主張する意思がないにもかかわらず，第三者において錯誤に基づく意思表示の無効を主張することは，原則として許されないと解すべきである，と判示している。／右原審の判断は，首肯できて，原審認定の事実関係のもとで上告人の所論抗弁を排斥した原審の判断に所論違法はない。」

第12講 死亡保険金請求権と民903条

【最高裁平成16年10月29日決定】

　第9講から第11講まで，遺産分割について学習しました。本講からは，その遺産分割をめぐって，いろいろ難しい論点があることを学習します。

学習のポイント

　そもそも死亡保険金請求権とは何か，ということの理解を前提に，特別受益との関係を裁判所がどのように判断したのか，正確に理解する。

　死亡保険金請求権はともかくとして，いきなり特別受益？　と思われたかもしれません。**第9講**のところで，遺産分割の方法には，現物分割，換価分割，代償分割の三つがあること，そして，代償分割は，「遺産の現物を特定の相続人が取得し，取得者が他の相続人に対して当該相続人の具体的相続分に応じた金銭を支払う方法」であると説明しましたが，説明文中の「具体的相続分」については本講に譲ることにしておりました。

　実は，民法の教科書では，具体的相続分について先に学習し，そのあと遺産分割について学習する，という構成になっているのが普通です。ですから，代償分割について，具体的相続分について既に理解されているものとして説明されているのです。ところが，本書は，相続税法の学習を主眼として全体構成を組み立てていますので，先に遺産分割を採りあげました。

　遺産分割をする際には，具体的相続分を無視することはできま

せん。まず,「具体的相続分」の説明から始めさせてください。

具体的相続分とは

☆法定相続分との違い

　ガイダンスのところで,法定相続分ということばが出てきました。法定相続分(民900条)は,遺言によって相続分の指定(民902条)がないときに適用されるものです。遺言(**第14講**参照)は,自分の財産処分についての最後の意思表示だといわれます。誰に,何を,どのように(どのような割合で)遺贈する(相続させる)か,ということは,所有権(処分権)の自由であり,基本的には自分で決めることです。しかし,そのような意思表示が間に合わなかった人もいれば,そのような意思表示を敢えてしなかった人もいるでしょう。法定相続分は,遺言がない場合で,相続人が複数人いるときは,相続財産(積極財産も消極財産も)全体に対する各相続人の持分を予め民法で決めておきました,というものです。

　相続税法においては,法定相続分はとても重要な意味を持ちましたね。わが国の相続税は遺産取得者課税方式を原則としつつ,被相続人に係る相続財産が法定相続分により分割されたものと仮定して相続税の総額を算出し,この相続税の総額を実際の遺産取得割合によって按分することで,各遺産取得者が負担すべき相続税額を確定していくという手法でした。注意すべきことは,相続税額の計算において法定相続分を介在させる,ということと,現実の遺産分割において法定相続分を採用することとは意味が違う,ということです。

　では,そもそも「相続分」とは何か説明できますか? 「法定相続分」にしろ,今から説明しようとする「具体的相続分」にし

ろ，「相続分」という言葉が共通して含まれています。

☆「相続分」と「具体的相続分」

　相続分とは，「共同相続において，各相続人が相続すべき権利
義務の割合，つまり積極財産・消極財産を含む相続財産全体に対
する各相続人の持分をいう。」[1] と説明されます。2分の1とか，
3分の1とか，分数で示された抽象的な割合が相続分です。

　今，抽象的な割合といいました。「抽象的」の反対は「具体的」
ですね。遺言がない場合で考えてみましょう。相続の開始によっ
て，相続財産全体が共同相続人の共有となりますが，各相続人は
法定相続分により共有関係にあります。この共有関係を解消して，
各相続人の帰属に確定させていくために遺産分割を行いますが，
遺産分割は「一切の事情を考慮して」なされなければいけません
（民906条）。仮に，共同相続人の中に，被相続人から遺贈を受けた
り，被相続人の生前に贈与を受けたりした人がいても，遺言がな
いから法定相続分に従って遺産分割をする，ということになると，
各相続人の一切の事情が考慮されているといえるでしょうか？

　民903条は，特別受益者の相続分について規定しています。

《民903条1項》
　共同相続人中に，被相続人から，遺贈を受け，又は婚姻若しくは
養子縁組のため若しくは生計の資本として贈与を受けた者があると
きは，被相続人が相続開始の時において有した財産の価額にその贈
与の価額を加えたものを相続財産とみなし，第900条から第902条ま
での規定により算定した相続分の中からその遺贈又は贈与の価額を
控除した残額をもってその者の相続分とする。

被相続人が相続開始の時において有した財産の価額に，遺贈や贈与の価額を加算（持戻し）して，相続財産全体の価額を修正するわけです。そして，修正された相続財産に法定相続分を乗じて相続分（この時点ではまだ，相続財産全体に対する抽象的な割合）を算定し，この相続分から，遺贈や贈与の価額を控除した残額がその者（遺贈や贈与を受けた者）の相続分となります。この残額こそが具体的相続分なのです。

　具体的相続分とは，「共同相続人の中に被相続人から遺贈を受けたり，生前に婚姻・養子縁組のため，もしくは生計の資本として贈与を受けた者がいた場合に，これらの遺贈や贈与などの特別な受益を考慮して算定される相続分をいう」[2] と説明することができます。

特別受益とは

　具体的相続分の説明に，「これらの遺贈や贈与などの特別な受益」ということばが出てきました。民903条1項によると，①遺贈，②婚姻若しくは養子縁組のため若しくは生計の資本としての贈与が特別受益にあたります。ところが，裁判所は，高等教育費用や留学資金，債務の支払などについても，兄弟姉妹間で著しい不公平がある場合などにおいて，特別受益と認定してきました。

　本講では死亡保険金が特別受益になるか否かが争点となった事件を採りあげます。

1）　二宮周平『家族法〔第5版〕』（新世社，2019年）313頁。
2）　二宮前掲書376頁。

決定要旨

　先に裁判所の判断をみることにします。そもそも死亡保険金とは何か，ということも述べられていますから，長くなりますが引用します。

　　「被相続人が自己を保険契約者及び被保険者とし，共同相続人の1人又は一部の者を保険金受取人と指定して締結した養老保険契約に基づく死亡保険金請求権は，その保険金受取人が自らの固有の権利として取得するのであって，保険契約者又は被保険者から承継取得するものではなく，これらの者の相続財産に属するものではないというべきである（最高裁昭和36年（オ）第1028号同40年2月2日第三小法廷判決・民集19巻1号1頁参照）。また，死亡保険金請求権は，被保険者が死亡した時に初めて発生するものであり，保険契約者の払い込んだ保険料と等価関係に立つものではなく，被保険者の稼働能力に代わる給付でもないのであるから，実質的に保険契約者又は被保険者の財産に属していたものとみることはできない（最高裁平成11年（受）第1136号同14年11月5日第一小法廷判決・民集56巻8号2069頁参照）。したがって，上記の養老保険契約に基づき保険金受取人とされた相続人が取得する死亡保険金請求権又はこれを行使して取得した死亡保険金は，民法903条1項に規定する遺贈又は贈与に係る財産には当たらないと解するのが相当である。もっとも，上記死亡保険金請求権の取得のための費用である保険料は，被相続人が生前保険者に支払ったものであり，保険契約者である被相続人の死亡により保険金受取人である相続人に死亡保険金請求権が発生することなどにかんがみると，保険金受取人である相続人とその他の共同相続人との間に生ずる不公平が民法903条の趣旨に照らし到底是認することができないほどに著しいものであると評価すべき特段

の事情が存する場合には，同条の類推適用により，当該死亡保険金請求権は特別受益に準じて持戻しの対象となると解するのが相当である。」

　生命保険契約については，次のところで整理しますが，「同条の類推適用により」という表現と「特別受益に準じて」という表現に着目しておいてください。

生命保険契約の構図

☆一般的な生命保険契約の図解

　ひとことで生命保険契約といっても，契約自由の原則の中で，いろいろなパターンがあります。そして，契約パターンによって課税関係（所得税・贈与税・相続税）も異なりますから注意が必要です。

　本件に係る生命保険契約は，全部で三つありますが，そのうち最も一般的な契約について図解します。次ページの図は，以前にも登場しました（**第5講**参照）。

☆最高裁が引用した二つの判決

　最高裁は，過去の二つの最高裁判決を引用して，生命保険契約と相続との関係についての考え方を確認しました。

　［**最高裁昭和40年2月2日判決**］

　まず，最高裁昭和40年2月2日判決を引用して，「被相続人が自己を保険契約者及び被保険者とし，共同相続人の1人又は一部の者を保険金受取人と指定して締結した養老保険契約に基づく死亡保険金請求権は，その保険金受取人が自らの固有の権利として

C保険相互会社 （保険者）

保険料支払

保険事故発生（B死亡）
時に保険金支払

被相続人B（保険契約者・被保険者）　　相続人Y（死亡保険金受取人）

取得するのであって」と述べました。

　生命保険契約の内容として死亡保険金受取人が相続人Yと指
定されており，相続人Yは契約に基づいて死亡保険金を請求し
ます。ですから，相続人Yは自らの固有の権利を行使したこと
により死亡保険金を取得するのであって死亡保険金という相続財
産を取得するのではない，ということになります。

[最高裁平成14年11月5日判決]

　次に，最高裁平成14年11月5日判決を引用して，「死亡保険金
請求権は，被保険者が死亡した時に初めて発生するものであり，
保険契約者の払い込んだ保険料と等価関係に立つものではなく，
被保険者の稼働能力に代わる給付でもない」と述べました。

　死亡保険金500万円に対していくらの保険料を支払うか，とい
うのは，保険会社が持っているいろいろなデータに基づいて保険
会社が算出するものです。契約者は，支払う保険料と支払われる
保険金とを比較して，これなら契約できると思うか，割に合わな
いから契約しないと思うか，そういう関係にあります。契約者が
支払う保険料には，保険会社の事務経費だとか利益だとかが当然
に含まれています。ですから，保険料と保険金（保険金請求権）
とが等価関係にあるはずもなく，被保険者の稼働能力なんて全く
の問題外，それに代わる給付になるはずがない，ということです。

死亡保険金（保険金請求権）と特別受益との関係

　生命保険契約の構図を確認した上で，本件の最重要ポイントを再確認します。

> 「養老保険契約に基づき保険金受取人とされた相続人が取得する死亡保険金請求権又はこれを行使して取得した死亡保険金は，民法903条1項に規定する遺贈又は贈与に係る財産には当たらないと解するのが相当である。もっとも，上記死亡保険金請求権の取得のための費用である保険料は，被相続人が生前保険者に支払ったものであり，保険契約者である被相続人の死亡により保険金受取人である相続人に死亡保険金請求権が発生することなどにかんがみると，<u>保険金受取人である相続人とその他の共同相続人との間に生ずる不公平が民法903条の趣旨に照らし到底是認することができないほどに著しいものであると評価すべき特段の事情が存する場合には，同条の類推適用により，当該死亡保険金請求権は特別受益に準じて持戻しの対象となると解するのが相当である。</u>」

　裁判所によると，「保険金受取人である相続人とその他の共同相続人との間に生ずる不公平が民法903条の趣旨に照らし到底是認することができないほどに著しいものであると評価すべき特段の事情が存する場合」には，「同条の類推適用により」「特別受益に準じて持戻しの対象となる」わけです。

　「特段の事情が存する場合」とはいかなる場合か？　という点が気になりますが，その前に，「類推適用」と「特別受益に準じて」という点をきちんと押さえておきましょう。

　民903条1項に規定する特別受益は，①遺贈，②生前贈与のうち，婚姻若しくは養子縁組若しくは生計の資本を理由とするもの，

です。共同相続人間の不公平をできるだけ，あるいは限りなく少なくしようとすると，特別受益を①②に限定するのではなく，もっと広く認定することになるでしょう。しかしながら，あまり特別受益の範囲を広くして相続の時に持ち戻すということにすると，じゃあ生前贈与って何だったの？（意味ないじゃん！）ということになりませんか。ですから，共同相続人間に生ずる不公平が民903条の趣旨に照らし到底是認することができないほどに著しいものであると評価すべき特段の事情がある場合に限って，民903条に規定されている①②の特別受益とは異なるものだけれど，というか，異なるものであるということを確認した上で，同条を類推適用して特別受益に準ずるものとして持戻しの対象とする，というのが裁判所の判断です。

では，裁判所が想定している「特段の事情が存する場合」とはいかなる場合でしょうか。

「上記特段の事情の有無については，保険金の額，この額の遺産の総額に対する比率のほか，同居の有無，被相続人の介護等に対する貢献の度合いなどの保険金受取人である相続人及び他の共同相続人と被相続人との関係，各相続人の生活実態等の諸般の事情を総合考慮して判断すべきである。」

特段の事情が存するか否かの判断材料が，複数あることがわかりますね。

本件においては，保険金受取人である相続人とその他の共同相続人との間に生ずる不公平が民903条の趣旨に照らし到底是認することができないほどに著しいものであると評価すべき特段の事情が存するとはいえない，と判断されました。本件において特段

の事情はないと判断された理由を知るためには，やはり事実関係を確認する必要があります。

事実の概要

いつもとは順序が逆転してしまいましたが，本件の事実の概要を確認しましょう。原審（大阪高裁平成16年５月10日決定）の決定文を参照してください。

☆相続開始と相続人

平成２年１月２日，被相続人Ａ（以下「Ａ」）が死亡し，相続が開始します（以下「本件相続」）。Ａは，昭和15年にＢと婚姻し，長男Ｙ（以下「Ｙ」），長女X₁を含む五男二女の７人の子をもうけたが，二男，三男，五男は若くして他界した（二男は婚姻後死亡したが子はなかった）そうです。本件相続に係るＡの相続人は，Ｂ，Ｙ，長女X_1，X_2及びX_3（以下，X_1，X_2及びX_3を合わせて「X_1ら」）の５人となりますが，Ｂは平成２年10月29日に死亡しました。

☆Ａの財産形成と生前の状況

Ａは，昭和24年に127番土地（280㎡），昭和37年ころ，204番土地（173.55㎡）を買い受けました。

Ａは，昭和39年，賃貸用アパートである127番建物（２階建，延183.57㎡）を新築しました。先の127番土地上に建築したものと思われます。

昭和40年，Ａは，215番土地（68.36㎡），218番土地（69.19㎡），216番土地（75.63㎡），217番土地（78.08㎡）を，Ｙの名義で買い受けました。なぜＡ自身の名義にしなかったのかはわかりません

が，こういうことをすると，あとあとトラブルになる気がします。

　Ｙが，昭和46年，215番土地の上に，木造瓦葺２階建の自宅（以下「Ｙ自宅」）を新築しました。

　昭和54年６月，Ａが脳血栓症・一部脳溢血症のため入院手術を受け，約２年間入院生活を送ったのち退院しますが，痴呆状態となり，日常生活全般において，常時介護を要する状態となりました。この当時，ＢがＡの介護をしていましたが，Ｙも，しばしば127番建物に出向いて，Ａの様子をうかがったり介護を手伝うようになりました。127番建物というのは，前述のとおり，Ａが建てた賃貸用アパートでしたが，その一室にでも夫婦で居住していたのでしょうね。

　昭和55年12月，Ｙ自宅の北側に接続して２階建ての居住部分を増築し，その増築部分にＡ及びＢ夫婦を住まわせ，以後，Ｂが行うＡの介護をＹが手助けすることになりました。

　前述のとおり，平成２年１月２日にＡが死亡し，同年10月29日にＢも死亡し，Ｙが保険金（共済金）合計793万5057円を受領しました。

　ここまで，細々かつ長々と書いてきましたが，特別の事情を判断する材料として，「同居の有無，被相続人の介護等に対する貢献の度合い」というのがありましたから悪しからず。

　Ｙが受領した保険金（共済金）の合計額793万5057円の内訳は次ページの表のとおりです。

	契約①	契約②	契約③
保 険 の 種 類	養老保険	養老保険	死亡共済
保 険 契 約 者	B	B	A
被 保 険 者	B	B	A
保 険 者	日本生命保険	第一生命保険	I市農協
死亡保険金受取人	Y	Y	?
保 険 金	5,002,465円	737,824円	2,194,768円

　Aの遺産は，以下のとおりです。平成3年9月20日，下表（民集58巻7号1996頁【別表1】をもとに筆者が一部簡略化）のとおり，遺産分割の合意が成立しました。

No.	遺産の表示	名義人	Y	X₁	X₂	X₃
1	127番土地	A	8,095,626			
2	127番建物	A	1,070,000			
3	198番土地	A			5,100,700	
4	204番土地	A				4,824,690
5	農協貯金9口	A		4,562,103		
6	信金預金12口	B	2,277,620	3,467,620	3,657,620	3,467,623
7	農協貯金4口	B	1,580,410	3,080,409	1,580,409	5,080,409
8	郵便局貯金3口	B			704,124	550,000
	合　　計		13,023,656	11,110,132	11,042,853	13,922,722

※表中の金額は価額（円）で，不動産の価額は平成2年度固定資産課税台帳兼名寄帳の記載金額

☆Y名義の財産及びBの遺産分割についての争い

　平成7年1月20日，X₁らが，Aの遺産の分割を求めて，家事調停（以下「甲事件調停」）を申し立てました。X₁らとYとの間で，Y名義の土地4筆（以下「本件各土地」）とその地上建物等（Y自宅を含みます）がAの遺産かどうかという厳しい対立がありまし

た。やっぱりね，という感じです。X_1らは，平成8年中に，本件各土地及びその地上建物等がAの遺産であることの確認を求める民事訴訟を提起しました（以下「別件訴訟」）。

　平成10年10月13日，X_1らは，Bの遺産の分割を求めて，家事調停（以下「乙事件調停」）を申し立てました。甲事件調停と乙事件調停とは併合され，平成10年11月30日，下表（民集58巻7号1996頁【別表2】をもとに筆者が一部修正，簡略化）のとおり，分割調停が成立しました。

No.	遺産の表示	名義人	Y	X_1	X_2	X_3
9	農協貯金1口	B	367,173	367,173	367,173	367,173
10	農協貯金1口	Y	360,000			
11	農協貯金1口	X_2			677,073	
12	農協貯金2口	X_1		390,909		
13	現金等		127,898	127,899	127,899	127,898
	合　計		855,071	885,981	1,172,145	495,071

　平成11年12月16日，神戸地裁伊丹支部が，別件訴訟について，本件各土地がAの遺産であることを確認し，その地上建物等はAの遺産でないとの判決を言い渡し，最終的に，この判決の内容が確定しました。この間，併合審理されていた家事調停事件が審判に移行するなど，ややこしい点もありますが，本件各土地はAの遺産として分割すべきことが確定しており，相続人間の争いは，まだ続きます。

☆Yの寄与分の申立て

　平成13年4月24日，Yが，Aを療養看護し，Aの財産の維持又は増加につき特別の寄与をしたとして，寄与分を定める家事調

停（以下「丙事件調停」）を申し立てました。平成13年10月9日，神戸家裁伊丹支部は，丙事件調停を審判に移行させ，甲乙事件に併合しました。

平成14年12月25日，神戸家裁伊丹支部は，不動産鑑定士Ｎを鑑定人に選任し，本件各土地の価額鑑定を実施しました。

平成15年2月13日，同鑑定人は，価格時点を平成15年2月7日として，215番・218番土地の鑑定評価額を817万円，216番・217番土地の鑑定評価額を332万円とする旨の鑑定をしました。

平成15年8月8日，神戸家裁伊丹支部は，鑑定の結果に基づき，甲ないし丙事件について審判（神戸家裁伊丹支部平成15年8月8日審判）をしましたが，その際，件の保険金（共済金）がＹの特別受益に該当するとの判断を前提としていました。審判の内容は省略します。

保険金合計額約793万円が，本件各土地の価額（鑑定評価額で合計1149万円）と，先に成立している遺産分割にかかる遺産の合計額（約5251万円）との合計額6400万円に占める比率を計算してみると，約12.4％となります。私の個人的な感覚では，この割合がさほど大きなものとは思われませんが……。

大阪高裁は，神戸家裁伊丹支部の審判を取り消しました。大阪高裁の判断について，特別受益の部分についてだけ，決定文を引用して紹介しておきます。

☆大阪高裁の判断

「3　特別受益について

⑴　原審判は，前記第1の5⑴ないし⑶の保険金（共済金）合計793万5057円がＹの特別受益に当たると判断している（ただし，

原審判の判断は，Bを保険契約者とする前記第5(1)(2)の保険契約の保険金が，Aの遺産相続において特別受益となる根拠を明らかにしていない。）。

しかしながら，死亡保険金（共済金）請求権は，指定された保険金（共済金）受取人が，被保険者（被共済者）死亡時に，自己の固有の権利として取得するのであって，保険（共済）契約者から承継取得するものではないし，保険（共済）契約者の払い込んだ保険料と等価の関係に立つものではなく，被保険者（被共済者）の稼働能力に代わる給付でもないのであって，死亡保険金（共済金）請求権が実質的に保険（共済）契約者又は被保険者（被共済者）の財産に属していたものとみることはできない（最高裁判所平成14年11月5日判決・民集56巻8号2069頁参照）。

したがって，前記第1の5(1)ないし(3)の保険金（共済金）は，民法903条1項所定の遺贈又は生計の資本としての贈与に該当するものと解することはできず，原審判の上記判断を是認することはできない。

(2) 他にも，Aから本件相続人への遺贈又は生計の資本としての生前贈与がされた事実は見当たらない。」

この決定をどう読むか

直前に大阪高裁の決定文を引用してしまいましたので，「この決定」がどの決定かわかりにくくなってしまいましたが，もちろん最高裁決定です。

先にみたとおり，神戸家裁伊丹支部が，特別受益を認定した根拠は不明でした。大阪高裁が特別受益を認定しなかった理由は，「死亡保険金（共済金）請求権は，指定された保険金（共済金）受取人が，被保険者（被共済者）死亡時に，自己の固有の権利と

して取得する」という，生命保険契約の性質論によるもののように思います。

　くどくなることを承知で述べますが，最高裁は，過去の二つの最高裁判決を引用して，死亡保険金（請求権）は，基本的には相続財産に属しないことを確認します。が，それでも，特段の事情が存する場合には，民903条の規定を類推適用して，特別受益に準ずるものとして取り扱う場合があると述べました。

　最高裁が，共同相続人間の公平を考え，不公平があると疑われる場合の判断基準を明確にしたことに，敬意を払うべきだと私は思っています。

　もう一つ，税務の実務面から述べておきたいと思います。

　相続税法では，死亡保険金を相続財産とみなす規定（相法3条1項1号）を設けながらも，基礎控除とは別に一人あたり500万円を非課税とする旨が定められています（相法12条1項5号）。ですから，税理士が相続対策（相続税対策）について相談された場合に，生命保険契約を勧める場合が少なくありません。また，受取人指定という生命保険契約の性質を利用して，特定の相続人へ確実に財産を渡す手段としても活用されています。

　たとえば，ある特定の相続人に不動産をはじめとして多くの相続財産がいくにもかかわらず，他家へ嫁いでいった娘（あまり適切な表現ではありませんが）への財産が少ないように思う，という場合を考えてみましょう。相続人間の不公平が露呈しないようにするため，あるいはもっと踏み込んで遺留分を考慮して，生命保険契約をより積極的に勧める場合もあります。税理士が，生命保険契約を提案する場合には，相続財産全体の状況，相続人間のバランス及び契約者（被相続人になる人）の意向を十分に汲む，とい

うことが大切です。

　裁判所も，死亡保険金請求権又は死亡保険金が，ただちに特別受益として持戻しの対象となる，とは決して考えていません。共同相続人間の不公平が無視できないほど著しいと評価されるような特段の事情がある場合に限っています。生命保険契約は，保険金受取人を指定することで，財産取得者をいわば固定することができるというメリットがあります。しかしながら，契約の内容等によっては，共同相続人間に不公平が生じる可能性がある，ということを心すべきでしょう。

第13講　共同相続人間でされた無償による 相続分譲渡は「贈与」

【最高裁平成30年10月19日判決（平成29年（受）第1735号事件）】

前講で，①具体的相続分とは何か，②具体的相続分の算定にかかせない特別受益とは何か，③特別受益となる財産は必ずしも民903条 1 項に規定されているものに限らない，という三つの点について学習しました。

本講では，相続分譲渡が，民903条 1 項に規定されている「贈与」に当たるか否かを検討します。同じ日に，同じ法廷で，二つの判決が出ていますので，事件番号を表示しました。

> ### 学習のポイント
> 　本件についての事実関係を正確に把握し，親族間における相続分譲渡と特別受益との関係について理解する。

先走って結論を述べてしまいますと，最高裁は，民903条 1 項に規定する「贈与」に，共同相続人間でされた無償による相続分譲渡も含まれる，と判示しました。

相続分譲渡は，実務上，使われることが決して少なくない手法です。本件を検討する前に，相続分譲渡とは何か，みておきましょう。

相続分譲渡とは

相続分譲渡は，共同相続人間で行われることが大半ですが，まれに共同相続人以外の者（以下「第三者」といいます）に対して行

われることがあります。税法の視点からすると，共同相続人間で行われる相続分譲渡は，ほとんどが相続税の中で完結してしまいますので，さほど厄介ではないのですが，相続人と第三者との間で相続分譲渡が行われると，有償か無償かで課税関係が変わってきますし，譲渡人と譲受人の双方に課税関係が発生する場合があり，やや複雑です。相続分譲渡をめぐる課税関係の整理は，別に行うことにして，そもそも，相続分譲渡は何のために行われると思いますか？

　実は，民法には，相続分譲渡について，直接規定した条文がありません。「共同相続人の一人が遺産の分割前にその相続分を第三者に譲り渡したときは，他の共同相続人は，その価額及び費用を償還して，その相続分を譲り受けることができる。」（民905条1項）という相続分の取戻権の規定があります。この規定によって，遺産分割前であれば相続分を譲渡できる，すなわち相続分譲渡が認められると考えられています。相続分を第三者に譲り渡すことができるのであれば，共同相続人に対する譲渡を否定することはないだろう，ということで，共同相続人間の相続分譲渡も認められる，と解されているのです。

　ここでのキーワードは，「遺産分割前」です。相続開始から遺産分割までは，それなりに時間がかかります。相続税の申告が必要な場合は，申告期限までに，つまり相続開始から10カ月以内に，何とか一部だけでも分割しようというベクトルが働くかもしれませんが，その10カ月を待てない相続人がいるかもしれません。「共同相続人の中には，必要に迫られて自己の相続分を売却して資金を得たいと思う者が出てくる可能性がある。他方，長びく遺産分割紛争から離脱するために，他の相続人に相続分を譲渡した

り，相続人の１人が他の相続人から相続分の譲渡を受け，遺産分割を自己に有利に進めようとする場合などもある。」[1] というのが相続分譲渡が行われる理由です。

事実の概要

本件は，相続が連続して２回発生し，２回目の相続において１回目の相続の問題点が露呈するという感じです。以下，時系列に従って事実関係を整理します。丸囲みの数字は，次ページの相続関係図の中に記したものです。事実の概要は，第一審判決（さいたま地裁平成28年12月21日判決）に基づいて整理します。

【時系列による事実の整理】

①	平成20年12月９日	Ｂ死亡
②	年　月　日　不　明 （Ｂの遺産分割前）	Ａ（Ｂの配偶者）がＹ（Ａ及びＢの二男）に相続分を譲渡（相続分譲渡Ⅰ） 　Ｄ（Ｙの配偶者）がＹに相続分を譲渡（相続分譲渡Ⅱ）
―	平成22年８月25日	Ａが公正証書遺言を作成 「全財産をＹに相続させる」
―	平成22年12月16日	亡Ｂの遺産分割調停成立
③	平成26年７月24日	Ａ死亡 　約35万円の預金債権あり 　約36万円の未払介護施設利用料債務あり
―	平成26年11月27日	Ｘ（Ａ及びＢの長女）がＹに対し，亡Ａの相続に関する遺留分減殺請求権を行使する旨の意思を表示

1）　二宮周平『家族法　第５版』（新世社，2019年）368〜369頁。

【相続関係図】

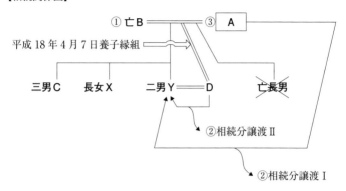

平成 18 年 4 月 7 日養子縁組

三男C　　長女X　　二男Y＝D　　亡長男

②相続分譲渡Ⅱ

②相続分譲渡Ⅰ

【亡Bの遺産分割調停の内容（不動産に付されている番号は単なる順号）】

遺産取得者	遺産の種類	遺産の価格（円）	合計額（円）
長女X	土地6	28,011,000	
	建物4～8	1,741,309	29,752,309
二男Y	土地5	23,252,680	
	土地7→後日第三者へ売却	14,979,384	
	土地8～13	115,199,034	
	建物2，3，9，10	51,596,030	
	賃料債権	150,369,045	
	現金・預貯金	14,533,414	
	出資金（2件816口）	121,600	
	簡易生命保険2口	6,163,608	
	その他あり	＋a	376,214,795
三男C	土地1～4	41,392,750	
	建物1	3,295,815	44,688,565
	合　計		450,655,669

　Bが亡くなった時点での法定相続人は，配偶者A，長女X，二男Y，三男C及び養子Dの5人です。ただ，遺産分割調停の

前に，配偶者Aと養子Dが各人の相続分を二男Yに譲渡しましたから，遺産分割調停の時における相続人は，長女X，二男Y及び三男Cの3人です。この3人の法定相続分を確認しておくと，長女X及び三男Cが8分の1，二男Yが8分の6となります。

各人が取得した遺産額を単純に足し算すると，合計約4億5065万円となりますから，この金額に法定相続分をかけると，長女X及び三男Cが約5633万円，残りを二男Yが取得する計算になります。長女X及び三男Cは，いずれも法定相続分相当額に満たない遺産しか取得していませんが，それでも調停が成立しています。

平成26年11月27日になって，長女X（以下「原告」）が，二男Y（以下「被告」）に対して遺留分減殺請求の意思表示をしました。

実は，本件は遺留分減殺請求事件です。ですから，共同相続人間においてされた無償による相続分の譲渡が，民903条1項の贈与，つまり特別受益に当たるか否か，という判断ではなく，遺留分の算定に係る旧民〈平30法72前〉1029条1項及び同1030条の「贈与」について判示されるとわかりやすいのでは？　と思うのです。ところが，最高裁は，同1044条により準用される民903条について判断しました。遺留分減殺請求という言葉自体がなくなってしまった今となっては，本件の判決は先見の明があった，というべきでしょうか。

ここで旧民〈平30法72前〉における遺留分減殺請求について述べてしまうと，かえってわかりづらくなるような気がしますので，本件に戻って，原告の主張からみていきましょう。

原告の主張

☆時系列による事実の再確認

　前述のとおり，平成20年12月9日に，原告の父であるBが死亡して相続が開始（以下「一次相続」といいます）し，この一次相続に係る遺産分割は，平成22年12月16日に成立しました。

　この後，平成26年7月24日に，亡Bの配偶者Aの相続が開始（以下「二次相続」といいます）しましたが，二次相続開始時における亡Aの財産は，約35万円の預金債権と約36万円の介護施設利用料債務だけ，つまり約1万円の赤字でした。こういう場合は，この1万円を誰が負担する？　ということが問題になりそう（？）ですが，Aは，平成22年8月25日付けの公正証書遺言で，「全財産をYに相続させる」としていましたから，被告が負担すれば，ことは済んでしまいます。でも，原告は，ここでハタ！と気がつくのです。

　そもそも，お父さん（B）が亡くなったときに，お母さん（A）は法定相続分2分の1の権利を持ってたわけよねぇ，その相続分を弟（Y）に譲渡してしまったから，遺産分割調停が成立したときには，お父さんの遺産の大半は，弟が持っていってしまったわけよねぇ，ということは，お母さんが相続分譲渡をしなければ，お母さんの遺産はもっとあったわけで，こんなはずじゃなかったわ，とまぁ，こんな感じです（笑）。

☆法律的に主張すると

　ここのところを法律的に主張すると，次のようになります。第一審の判決文から引用します。

「相続分が財産的価値を持つことは明らかであり，これを無償で譲渡した以上，他の財産の贈与と結論を異にする理由はない。民法909条本文があるとしても，同条ただし書きがあるように，遺産分割の遡及効を貫いていないし，最高裁平成16年（受）第1222号同17年9月8日第一小法廷判決・民集59巻7号1931頁も，相続によって共有状態が発生した事実は消えないとしている。」

　民909条本文は，「遺産の分割は，相続開始の時にさかのぼってその効力を生ずる。」です。原告は，「ただし，第三者の権利を害することはできない。」という同条ただし書を根拠に，遺産分割の遡及効をいわば弱体化させようとしています。私は，個人的には，同条ただし書の「第三者」に，原告のような共同相続人の一人が含まれるのか，という点に疑問を感じますが，それはともかく，原告は上記のように主張しました。

　原告が引用した判決（最高裁平成17年9月8日判決）は，知っておくべき重要判決の一つです。遺産である不動産から発生する賃料債権の帰属が争われた事件で，最高裁は次のように述べて，事件を高裁に差し戻しました。

「遺産は，相続人が数人あるときは，相続開始から遺産分割までの間，共同相続人の共有に属するものであるから，この間に遺産である賃貸不動産を使用管理した結果生ずる金銭債権たる賃料債権は，遺産とは別個の財産というべきであって，各共同相続人がその相続分に応じて分割単独債権として確定的に取得するものと解するのが相当である。遺産分割は，相続開始の時にさかのぼってその効力を生ずるものであるが，各共同相続人がその相続分に応じて分割単独債権として確定的に取得した上記賃料債権の帰属は，後にされた遺

☆原告の主張（続き）

原告の主張の続きをみましょう。控訴審（東京高裁平成29年6月22日判決）において修正された内容を反映しています。

> 「亡Bは，相続開始時に土地1ないし13，建物1ないし10，現金及び預貯金，その他の財産を有しており，また，賃料債権は，相続開始から平成30年9月25日までの間の建物10に係る賃料債権であって，亡Bの相続財産となる。そして，被告は，相続分譲渡Iにより，亡Bの個々の相続財産についての共有持分を取得した。
>
> 亡Aの相続について，原告の遺留分は8分の1であり，原告が減殺請求権を行使した結果，被告が取得した権利は遺留分を侵害する限度で当然に原告に帰属するから，被告が取得した土地5，8ないし13及び建物2，3，9，10の各2分の1の持分の8分の1が原告に帰属した。また，亡Aが相続開始の時に有していた財産の価額35万2557円に，相続分譲渡Iによる財産の価額9740万2642円〔略〕を加えた9775万5199円が遺留分算定の基礎となる財産の額であり，これに原告の遺留分の割合である8分の1を乗じると，原告の遺留分の額は1221万9399円（円未満切捨て）になる。」

裁判所の判断

この事件について，第一審（地裁）と控訴審（原審，高裁）は，原告（控訴人）の主張を退けました。ところが，最高裁は，原審を破棄し，高裁に差し戻しました。各裁判所の判断を項目に分けて整理してみます。

☆共同相続人間における相続分譲渡の性質

最高裁	「共同相続人間で相続分の譲渡がされたときは，積極財産と消極財産とを包括した遺産全体に対する譲渡人の割合的な持分が譲受人に移転し，相続分の譲渡に伴って個々の相続財産についての共有持分の移転も生ずるものと解される。」
高　裁	「相続分の譲渡において，その譲渡の対象となる相続分とは，被相続人の積極財産だけでなく，消極財産を含めた包括的な財産全体に対して共同相続人が有する割合的な持分である」
地　裁	「共同相続人間で相続分の譲渡がされたときは，積極財産と消極財産とを包括した遺産全体に対する譲渡人の割合的な持分が譲受人に移転」

　項目の名称を「相続分譲渡の性質」とするのが適切かどうかはともかく，いずれの裁判所も同じ判断を示しているといえます。

☆相続分譲渡の効果

最高裁	「相続分の譲渡を受けた共同相続人は，従前から有していた相続分と上記譲渡に係る相続分とを合計した相続分を有する者として遺産分割手続等に加わり，当該遺産分割手続等において，他の共同相続人に対し，従前から有していた相続分と上記譲渡に係る相続分との合計に相当する価額の相続財産の分配を求めることができることとなる。」
高　裁	「共同相続人間で相続分が譲渡されたときには，もともと当該共同相続人が有する固有の持分に，譲り受けた他の共同相続人の持分を加えて，増加した相続分の割合をもって遺産分割に参加することになる」
地　裁	「譲受人は従前から有していた相続分と新たに取得した相続分とを合計した相続分を有する者として遺産分割に加わることとなる。」

　「相続分譲渡の効果」という点についても，下級審，最高裁とも同じ判断を示しています。

☆相続分譲渡と民909条本文との関係

相続分譲渡と民909条本文との関係については，下級審と最高裁とで判断が分かれます。先に，下級審の判断を整理しておきます。

高　裁	「相続分の譲渡によって，遺産分割が行われるまでは，潜在的に保有している相続財産の持分が移転するという形にはなるが，それはあくまで暫定的なものであって，最終的に遺産分割が確定すれば，その遡及効によって，相続分の譲渡人は，相続開始時から被相続人の相続財産を取得しなかったことになるから，相続分の譲渡人とこれを譲り受ける者との間に，相続財産の贈与があったとは観念できないものである。」
地　裁	「相続分の譲渡に伴う個々の相続財産についての共有持分の移転はその後に予定されている遺産分割による権利移転が確定的に生ずるまでの暫定的なものであり，遺産分割がされれば，その結果に従い相続開始の時にさかのぼって被相続人からの直接的な権利移転が生ずる。 　本件において，平成22年12月16日に亡Bの相続人間に遺産分割調停が成立しているから，その結果に従い相続開始の時にさかのぼって亡Bから原被告及びCに対する直接的な権利移転が生じ，被相続人は，亡Bの個々の相続財産についての共有持分を有しなかったことになる。そうであるから，本件相続分譲渡が被相続人の被告に対する財産の贈与として，本件相続分譲渡により被告の取得した被相続人の相続分が被相続人の相続における遺留分算定の基礎となる財産になるということはできない。」

相続分譲渡があっただけでは権利は確定していないが，相続分譲渡を踏まえて，つまり，もともと有していた相続分に譲り受けた相続分を加えたところの，いわば新たな相続分でもって遺産分割協議（調停）が行われ，協議（調停）が調えば，その効力は相続開始時に遡るので，相続分を譲渡した者は，最初から財産を取得しなかったことになる。だから，当該相続分を譲渡した者につ

いて開始した相続において，当該相続分を譲り受けた者が取得した財産は遺留分算定の基礎となる財産になり得ない，となります。相続分譲渡に基づく遺産分割が確定した，ということがポイントだと思われます。

最高裁の判断

「相続分の譲渡は，譲渡に係る相続分に含まれる積極財産及び消極財産の価額等を考慮して算定した当該相続分に財産的価値があるとはいえない場合を除き，譲渡人から譲受人に対し経済的利益を合意によって移転するものということができる。遺産の分割が相続開始の時に遡ってその効力を生ずる（民法909条本文）とされていることは，以上のように解することの妨げとなるものではない。

したがって，共同相続人間においてされた無償による相続分の譲渡は，譲渡に係る相続分に含まれる積極財産及び消極財産の価額等を考慮して算定した当該相続分に財産的価値があるとはいえない場合を除き，上記譲渡をした者の相続において，民法903条1項に規定する『贈与』に当たる。」

　引用した部分だけでは，最高裁の考え方は理解しづらいかもしれませんが，最高裁は，相続分譲渡があったということを重視しているように思われます。ですから，譲渡したもの（相続分）に財産的価値がなければ問題とならないが，およそ積極財産であれ消極財産であれ，価額として算定できるのであれば，それを無償で譲渡すれば，その譲渡は「贈与」にあたる，ということなのでしょう。シンプルな考え方であるといえるかもしれません。

この判決をどう読むか

☆私見①　遺産分割協議からの離脱

　最高裁判決について，私の個人的な意見を先に述べます。

　時系列を振り返ると，一次相続開始（被相続人Ｂ）⇒Ｂの配偶者Ａが相続分譲渡⇒Ａが公正証書遺言作成⇒一次相続に係る遺産分割調停成立，となっています。

　Ａが公正証書遺言を作成する時点では相続分譲渡は終わっていますから，「全財産を……」といったところで，そこには被相続人Ｂから相続により取得する財産は含まれず，Ａ固有の財産のみの処分について意思表示されている，と私は考えています。自己の相続分を他の相続人に譲渡することで，Ａは被相続人Ｂの遺産分割協議から離脱した，と考えるからです。その後，一次相続に係る遺産分割協議が成立しようが成立しまいが，Ａの相続財産に，被相続人Ｂの財産が含まれることは，もはやないはずです。もっとも，Ａの相続分譲渡や遺言の作成そのものに何らかの問題（意思の欠缺など）があれば，それは別問題です。そのような事情が本件にあったとは思われませんから，相続分譲渡の後に公正証書遺言が作成されているという事実をもって，被相続人Ｂの財産に対するＡの相続分はない，といえるのではないでしょうか。

☆私見②　一次相続に係る遺産分割やり直し⁈

　私は，最高裁は，一次相続に係る遺産分割のやり直しを結果的に認めてしまったのではないか，という疑念を抱いています。一次相続に係る遺産分割の時点で，相続分譲渡の事実はわかってい

た（少なくとも相続分譲受人である被告は認識していた）はずですから，二次相続において，一次相続の遺産分割の結論を否定するかのような原告の主張は問題ではないか，と思います。ひいては，遺産の分割前であれば相続分を譲渡できる，とされている相続分譲渡そのものが，実質的にはできないことになってしまわないか，そこまでいかなくても，相続分譲渡を躊躇してしまうことにならないか，という懸念もあります。いささか飛躍しすぎかもしれませんが，少なくとも相続分譲渡についても遺留分に配慮しないといけないことになるだろうと考えます。

第13講補講1　具体的相続分の算定と遺留分の算定

　第13講で採りあげた事件の事件名は「遺留分減殺請求事件」です。遺留分制度は，平成30年法律第72号による改正によって，大きく変更されました。遺留分制度の改正については，**第16講補講1**に譲りますが，ここでは，具体的相続分の算定についての規定（民903条1項）と，遺留分の算定についての規定（旧民〈平30法72前〉1029条，同1030条）とを対比しながら，**第13講**事件の最高裁判決について，再度考えてみたいと思います。

　併せて，関連規定の改正点と，相続税法との関係（民法との相違点）についても述べることにします。

規定の確認

特別受益者の相続分	遺留分の算定
民903条1項 　共同相続人中に，被相続人から，遺贈を受け，又は婚姻若しくは養子縁組のため若しくは生計の資本として贈与を受けた者があるときは，被相続人が相続開始の時において有した財産の価額にその贈与の価額を加えたものを相続財産とみなし，第900条から第902条までの規定により算定した相続分の中からその遺贈又は贈与の価額を控除した残額をもってその者の相続分とする。 ※この規定は，改正前と改正後において実質的な変更はありません。文言整備により，「前三条」となっていたものが，「第900条から第902条まで」に改められました。ここでは，改正後の条文を掲げています。	**旧民〈平30法72前〉1029条** 　遺留分は，被相続人が相続開始の時において有した財産の価額にその贈与した財産の価額を加えた額から債務の全額を控除して，これを算定する。 2　〔略〕 **旧民〈平30法72前〉1030条** 　贈与は，相続開始前の1年間にしたものに限り，前条の規定によりその価額を算入する。当事者双方が遺留分権利者に損害を加えることを知って贈与をしたときは，1年前の日より前にしたものについても，同様とする。 **旧民〈平30法72前〉1044条** 　第887条第2項及び第3項，第900条，第901条，第903条並びに第904条の規定は，遺留分について準用する。

　遺留分の算定において考慮されるのは「贈与」です。そして，旧民〈平30法72前〉1044条により民903条1項が準用されていますから，この「贈与」も「婚姻若しくは養子縁組のため若しくは生計の資本として」の「贈与」であると読めます。ただ，遺留分の算定における贈与は，旧民〈平30法72前〉1030条にあるとおり，「相続開始前の1年間にしたもの」に限られています。

具体的相続分の算定にあたり，特別受益として持ち戻すべき贈与については期間の限定がされておらず，遺留分の算定においては 1 年間に限定されている，というのは，たしかに釈然としない気もします。

実は，相続人に対して行われた贈与については，最高裁判決によって大きく修正され，その判断は約20年間にわたり尊重されてきました。もっとも，今となっては，この最高裁判決が，平成30年法律第72号による民法改正に大きな影響力を持ち，後掲の1044条 3 項の創設に大きく貢献した（？）とも言えるかもしれません。

最高裁平成10年 3 月24日判決

「民法903条 1 項の定める相続人に対する贈与は，右贈与が相続開始よりも相当以前にされたものであって，その後の時の経過に伴う社会経済事情や相続人など関係人の個人的事情の変化をも考慮するとき，減殺請求を認めることが右相続人に酷であるなどの特段の事情のない限り，民法1030条の定める要件を満たさないものであっても，遺留分減殺の対象となるものと解するのが相当である。けだし，民法903条 1 項の定める相続人に対する贈与は，すべて民法1044条，903条の規定により遺留分算定の基礎となる財産に含まれるところ，右贈与のうち民法1030条の定める要件を満たさないものが遺留分減殺の対象とならないとすると，遺留分を侵害された相続人が存在するにもかかわらず，減殺の対象となるべき遺贈，贈与がないために右の者が遺留分相当額を確保できないことが起こり得るが，このことは遺留分制度の趣旨を没却するものというべきであるからである。」

最高裁は，「減殺請求を認めることが右相続人に酷であるなど

の特段の事情のない限り，民法1030条の定める要件を満たさないものであっても，遺留分減殺の対象となる」としてきました。私の釈然としない気持ちに対する理由も，きちんと述べられています。

第13講事件の最高裁判決の再考

　もう一度，第13講事件の最高裁判決について考えてみましょう。

　「お母さんが相続分譲渡をしなければ，お母さんの遺産はもっとあったわけで，こんなはずじゃなかったわ」と，原告の思いを代弁（？）しました。その思いを汲めば，相続分譲受人である被告と原告との間に生ずる不公平は，最高裁からすると是認し難いものだったかもしれません。相続分譲渡が行われたのも，相続開始より5年から6年前の間のいずれかの時点だと思われますから，「相当以前にされた」とまではいえないだろうとも思われます。そして，減殺請求を認めることが相続分譲受人である被告に酷であるといった「特段の事情」も見当たらなかったのではないかと推測できます。

　最高裁は，本件における相続分譲渡は民903条1項の定める相続人に対する贈与に当たると判断した上で，「民法1030条の定める要件を満たさないものであっても，遺留分減殺の対象となるものと解するのが相当である。」とする最高裁平成10年3月24日判決を踏襲したのではないでしょうか。

平成30年法律第72号による改正点

　ここでは，民903条4項の新設，旧民〈平30法72前〉1030条の改正点について，新旧対照表にして掲げておきます。

1044条3項の創設により，先の最高裁平成10年3月24日判決が修正されたことも確認してください。

現行の民法	旧民〈平30法72前〉
903条4項 　婚姻期間が20年以上の夫婦の一方である被相続人が，他の一方に対し，その居住の用に供する建物又はその敷地について遺贈又は贈与をしたときは，当該被相続人は，その遺贈又は贈与について第1項の規定を適用しない旨の意思を表示したものと推定する。	新設
1044条 　贈与は，相続開始前の1年間にしたものに限り，前条の規定によりその価額を算入する。当事者双方が遺留分権利者に損害を加えることを知って贈与をしたときは，1年前の日より前にしたものについても，同様とする。	**1030条** 同左
2　第904条の規定は，前項に規定する贈与の価額について準用する。	新設
3　相続人に対する贈与についての第1項の規定の適用については，同項中「1年」とあるのは「10年」と，「価額」とあるのは「価額（婚姻若しくは養子縁組のため又は生計の資本として受けた贈与の価額に限る。）」とする。	新設

相続税法との関係

民法と相続税法との違い（共同相続人間の場合）

	民　法	相続税法
持戻しする贈与	10年	3年
	婚姻若しくは養子縁組のため又は生計の資本としての贈与のみ加算	贈与税が課税されていなくても加算
配偶者間で行われた居住用不動産の贈与の持戻し	婚姻期間20年以上の夫婦間で行われた居住用不動産の贈与	婚姻期間20年以上の夫婦間で行われた居住用不動産又は居住用不動産を取得するための資金の贈与
	持戻し免除の意思を推定	贈与税の配偶者控除を受けた金額の範囲内で持戻し不要

　上表のとおり，共同相続人間の場合，具体的相続分の算定に係る特別受益としての贈与（民903条1項）及び遺留分の算定の基礎となる財産の価額について持戻しの対象となる贈与（民1044条1項）と，相続税法における贈与加算（相法19条）とは異なっています。

　相続税においては，被相続人から相続開始前3年以内にされた暦年贈与を加算し，各暦年の贈与について贈与税が課税されたか非課税だったかは不問，つまり贈与税の課税関係とは無関係に加算が必要です。しかも，加算の対象となるのは，当該被相続人から相続または遺贈により財産を取得した者に対してされた贈与です。相続開始前3年以内に贈与を受けていたとしても，当該被相続人から相続または遺贈により財産を取得しなかった場合は，も

らいっきりということです。もともと贈与とはそういうものですから当然ですが。

　ところが，相続税法にも「特定贈与財産」は加算しなくてよいという例外があります。特定贈与財産とは，婚姻期間20年以上の夫婦間においてされた居住用不動産（又は居住用不動産を取得するための金銭）の贈与があった場合で，相法21条の6の規定に基づいて，贈与税の配偶者控除の規定の適用を受けたもの（相法19条2項参照）です。

　この点，民903条4項は，被相続人の持戻し免除の意思を推定する規定をおきました。ただし，民法は，財産の対象を居住用の建物又はその敷地に限定していますから，居住用不動産を取得するための金銭については，仮に被相続人が持戻し免除の意思表示をしていたとしても，持戻し免除の対象となりません。また，被相続人が持戻し免除の意思表示をしたと推定するにとどまりますから，被相続人が持戻し免除しない旨の意思表示をしていた場合や，持戻し免除の意思表示を推定することが合理的でない場合は，推定が破られます。

第13講補講2　共同相続人間でされた無償による相続分譲渡は「贈与」

【最高裁平成30年10月19日判決(平成29年(受)第1708号事件)】

　第13講で採りあげた事件と，同じ日に，同じ法廷で言い渡されたもう一つの判決を検討してみましょう。こちらの事件でも，「共同相続人間においてされた無償による相続分の譲渡は，譲渡に係る相続分に含まれる積極財産及び消極財産の価額等を考慮して算定した当該相続分に財産的価値があるとはいえない場合を除き，上記譲渡をした者の相続において，民法903条1項に規定する『贈与』に当たる。」と判示されました。

事実の概要

　第一審（甲府地裁都留支部平成28年12月6日判決）の判決文に基づいて事実関係を整理します。

【相続関係図】

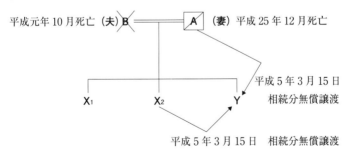

平成元年10月死亡 (夫)B══════A (妻)平成25年12月死亡

平成5年3月15日
相続分無償譲渡

X₁　　　X₂　　　Y

平成5年3月15日　相続分無償譲渡

【時系列による事実の整理】

①	平成元年10月××日	B 死亡 法定相続人及び各人の法定相続分は， 妻 A ＝1/2，子 X₁・X₂・Y ＝各1/6
②	平成 5 年 3 月15日	A 及び X₂が，Y に対して，相続分を 無償譲渡 法定相続分は，X₁＝1/6，Y ＝5/6に
③	平成21年 3 月 6 日	亡 B の遺産分割審判確定

〔亡 B の遺産分割審判の内容〕
〔1〕 Y は，亡 B の遺産の中から別紙遺産目録《略》記載の各遺産を取得する
〔2〕 X₁が同目録外の土地一筆を取得する
〔3〕 X₁が Y に対し，〔2〕の代償金として1196万9028円を支払う

④	平成25年12月××日	A 死亡 法定相続人及び各人の法定相続分は， 子 X₁・X₂・Y ＝各1/3
⑤	平成26年 4 月 5 日	X₁及び X₂が，Y に対し，被相続人 A に関する遺留分減殺請求権を行使する旨の意思を表示

　被相続人 A には固有の遺産がなく，平成 5 年 3 月15日に Y に対してした相続分の無償譲渡（以下「本件相続分譲渡」）によって，亡 B から相続により取得する財産はありませんでした。X₁及び X₂が遺留分算定の基礎となる財産として主張しているのは，本件相続分譲渡によって Y に譲渡された被相続人 A の亡 B に係る法定相続分です。

　ちなみに，別紙遺産目録《略》記載の各不動産の不動産登記記録上の所有者は Y，また別紙遺産目録記載の株式は，いずれも

Ｙが処分しました。

被告（Ｙ）の主張

被告の主張を，第一審の判決文から引用します。

「ア　最高裁判所平成11年（行ヒ）第24号平成13年7月10日第三
小法廷判決・民集55巻5号955頁（以下「平成13年判決」という。）
は，『共同相続人間で相続分の譲渡がされたときは，積極財産と消
極財産とを包括した遺産全体に対する譲渡人の割合的な持分が譲受
人に移転し，譲受人は従前から有していた相続分と新たに取得した
相続分とを合計した相続分を有する者として遺産分割に加わること
となり，分割が実行されれば，その結果に従って相続開始の時にさ
かのぼって被相続人からの直接的な権利移転が生ずることとなる。
このように，相続分の譲受人たる共同相続人間の遺産分割前におけ
る地位は，持分割合の数値が異なるだけで，相続によって取得した
地位と本質的に異なるものではない。……また，相続分の譲渡によ
る権利移転は，その後に予定されている遺産分割により権利移転が
確定的に生ずるまでの暫定的なものであって，遺産分割による農地
についての確定的な権利移転については許可を要しない』と判示し
ている。相続分の譲渡は遺産分割が確定するまでの暫定的なもので
あるし，亡Ｂの遺産分割の結果，亡Ｂからの直接的な権利移転が生
じることとなる。

　イ　相続分の譲渡は，固有の財産の移動がない。相続分の譲渡は，
相続分の指定とも包括遺贈とも全く異なるものである。遺産分割は
相続の問題であって，贈与の問題ではない。

　ウ　相続分の譲渡は，民法上も税法上も贈与とはされていない。

　エ　亡Ｂの遺産分割は，被相続人Ａから被告に対する相続分の
譲渡が，亡Ｂの遺産分割の一方法としてされたことを前提に，前件
決定〔亡Ｂに係る遺産分割審判に関する決定，東京高等裁判所平成

19年（ラ）第1547号平成21年3月6日付け決定，以下同じ〕により
確定しており，原告ら〔X₁及びX₂〕の遺留分減殺請求権は，これ
を覆すもので，いわば既判力に抵触し認められない。」

第一審の判断

　第一審甲府地裁都留支部は，次のように判断しました。

　　「相続分の譲渡は，相続分の指定や包括遺贈のように自らが所有す
　る個別具体的な財産の権利についての処分行為ではなく，自らが法
　定相続人であることから有する被相続人の遺産を一定割合で相続し
　うる地位を譲渡するものであり，この意味で前二者と異なるものの，
　かかる地位の譲渡によって，譲渡を受けた他の相続人が遺産分割に
　よって被相続人から取得する遺産を増加させる効果を生じさせると
　いう意味で財産的価値を有するものであるから，これを無償で譲渡
　することについて特別受益の対象となる贈与にあたりうることは明
　らかである。そして，本件相続分譲渡は，被告が亡Bから取得する
　遺産の量を大幅に増加させるものであり，これが被告の生活に資す
　ることから，生計の資本としての贈与として特別受益に該当し遺留
　分減殺の対象となる贈与となる。」

　注目すべき点は，「本件相続分譲渡は，被告が亡Bから取得す
る遺産の量を大幅に増加させるものであり，これが被告の生活に
資することから，生計の資本としての贈与」だといった点です。
遺産の量を大幅に増加させるものでなければ，あるいは，遺留分
侵害者の生計に資するほどのものでなければ，生計の資本として
の贈与にはあたらず，相続分譲渡が特別受益に当たらない，とい
う考え方が成り立つのでしょうか。

この点はさておくとして，裁判所は，被告の主張に対して補足説明を加えています。ここでは，前述した被告の主張の「エ」についての裁判所の補足説明を引用したいと思います。

> 「前件決定は本件相続分譲渡を前提にその修正された相続分を基に遺産分割を行ったものでありその意味では確定している。しかし，遺言に基づく相続又は贈与あるいは生前贈与などもその法律行為自体は確定的に有効であり，遺留分減殺請求権はそれを前提に認められるものであるから，前件決定による遺産分割によって確定的な権利変動が起きていることは遺留分減殺請求の可否とは関係がない。言うまでもなく遺産分割審判自体には既判力がないし，被相続人Ａの死亡は前件決定後の事情であり，前件決定時に遺留分減殺の意思表示を行うことができなかった以上，その行使が制限される法律上，信義則上の理由はない。」

第13講において，相続分の無償譲渡が特別受益の「贈与」に該当すると判断されると，結果的に遺産分割のやり直しを認めることになるのではないか，という私見を述べました。この私見に対する裁判所の考え方が，ここに示されているように思います。つまり，一次相続に係る遺産分割が確定した時点で，二次相続に係る遺留分減殺請求の意思表示を行うことはできなかった，そして，そのことをやむを得ないとする法律上の理由も信義則上の理由もない，だから，遺留分減殺請求の実効性を確保するためには，相続分の無償譲渡を特別受益の「贈与」に当たると解すべきだ，ということです。

第一審判決は，控訴審（東京高裁平成29年7月6日判決）においても支持されました。ほぼ同様の内容ですから，ここでは省略し

ます。

最高裁の判断

　最高裁の判断を引用しておきます。

　「共同相続人間で相続分の譲渡がされたときは，積極財産と消極財産とを包括した遺産全体に対する譲渡人の割合的な持分が譲受人に移転し，相続分の譲渡に伴って個々の相続財産についての共有持分の移転も生ずるものと解される。

　そして，相続分の譲渡を受けた共同相続人は，従前から有していた相続分と上記譲渡に係る相続分とを合計した相続分を有する者として遺産分割手続等に加わり，当該遺産分割手続等において，他の共同相続人に対し，従前から有していた相続分と上記譲渡に係る相続分との合計に相当する価額の相続財産の分配を求めることができることとなる。

　このように，相続分の譲渡は，譲渡に係る相続分に含まれる積極財産及び消極財産の価額等を考慮して算定した当該相続分に財産的価値があるとはいえない場合を除き，譲渡人から譲受人に対し経済的利益を合意によって移転するものということができる。遺産の分割が相続開始の時に遡ってその効力を生ずる（民法909条本文）とされていることは，以上のように解することの妨げとなるものではない。

　したがって，共同相続人間においてされた無償による相続分の譲渡は，譲渡に係る相続分に含まれる積極財産及び消極財産の価額等を考慮して算定した当該相続分に財産的価値があるとはいえない場合を除き，上記譲渡をした者の相続において，民法903条1項に規定する『贈与』に当たる。

　これを本件についてみると，前記事実関係等によれば，本件相続

分譲渡に係る相続分に財産的価値があるとはいえない場合に当たらないから，本件相続分譲渡は民法903条１項に規定する『贈与』に当たるというべきである。」

　第13講において引用した最高裁判決は短いものでしたが，上記判決文のうち，下４行（本件相続分譲渡に係る結論部分）以外は全く同じです。第１パラグラフで，相続分譲渡のいわば性質について述べ，第２パラグラフでは，相続分譲渡の法的効果について述べています。そして，第３パラグラフにおいて，相続分譲渡と遺産分割の遡及効との関係を述べて，第４パラグラフで，譲渡された相続分に財産的価値があるとはいえない場合を除き，それは民903条１項の「贈与」に当たると結論しました。

第14講　自筆証書遺言に書かれた花押は「印鑑」か？
【最高裁平成28年6月3日判決】

　本講及び次講では，遺言をめぐる裁判例を学習します。本講で採りあげる事件は，相続税には直接関係しませんが，相続税の申告は，有効な遺言に基づいて行わなければいけませんから，一見して無効ではないか，と疑われる遺言には注意が必要です。

> **学習のポイント**
> ① 遺言の種類とその概略を理解する。
> ② 「花押を書く」ことは「印を押す」ことにはならないのか？
> ③ 「印」であれば何でもいいのか？

遺言の種類（民法の理解）

　はじめに，民法の規定に従って遺言の種類を確認しておきましょう。

　遺言は，民法に定める方式に従わなければ，することができません（民960条）。遺言は要式行為である，といわれますが，このことを指しています。平成30年法律第72号改正により方式の一部が緩和されましたが，要式行為であることに変わりはありません。

　遺言は，15歳に達した者がすることができます（民961条）。少し意外に思われるかもしれませんが，遺言は，自分の財産を処分するための意思表示であり，相手方の同意を必要としない単独行為ですから，法律行為をなすための行為能力とは異なっています。

　ただ，遺言者は，遺言をする時においてその能力を有しなけれ

ばいけません（民963条）。昨今は，高齢者の遺言について，この遺言能力が問題とされる事例が増えています。遺言をめぐる相続人間の争いが，遺言者の遺言能力の有無という形で争われる，といった方がいいかもしれません。

　遺言については，いくつかの種類があります。内容による分類として，包括遺贈と特定遺贈，方式による分類として，普通の方式による遺言と特別の方式による遺言があります。普通の方式による遺言は，さらに，自筆証書遺言，公正証書遺言，秘密証書遺言に分けられます。特別の方式による遺言については，紹介を省略します（民976条から984条参照）。

普通の方式による遺言の分類

内容による分類
- 包括遺贈：財産の全部又は一部の割合を遺贈する
- 特定遺贈：財産の全部又は一部を特定して遺贈する

方式による分類
- 自筆証書遺言：遺言者が，全文，日付及び氏名を自書し，印を押して作成（民968条）
- 公正証書遺言：公証人が作成，２人以上の証人の立会い，遺言者が遺言の趣旨を公証人に口授することほか（民969条）
- 秘密証書遺言：遺言者が作成，証書に用いた印章で封印をする，公証人１人及び２人以上の証人の前に封書を提出し，公証人が提出日等を記載するほか（民970条）

本講では，自筆証書遺言の有効性が争われた事件を採りあげます。自筆証書遺言は，遺言者が，その全文，日付及び氏名を自書し，これに印を押さなければなりません（民968条1項）。平成30年法律第72号改正により，「全文」の部分が少し緩和されましたが，「印を押さなければならない」というところは改正がなく，本講では，この「印」について考えます。

判　　旨

　争点は一つですから，判旨を先に確認しましょう。

> 「花押を書くことは，印章による押印とは異なるから，民法968条1項の押印の要件を満たすものであると直ちにいうことはできない。」

　「直ちにいうことはできない」ということは，要件を満たすものであると判断される場合もあると期待していいのでしょうか？理由をみましょう。

> 「民法968条1項が，自筆証書遺言の方式として，遺言の全文，日付及び氏名の自書のほかに，押印をも要するとした趣旨は，遺言の全文等の自書とあいまって遺言者の同一性及び真意を確保するとともに，重要な文書については作成者が署名した上その名下に押印することによって文書の作成を完結させるという我が国の慣行ないし法意識に照らして文書の完成を担保することにあると解されるところ（最高裁昭和62年（オ）第1137号平成元年2月16日第一小法廷判決・民集43巻2号45頁参照），我が国において，印章による押印に代えて花押を書くことによって文書を完成させるという慣行ないし法意識が存するものとは認め難い。」

文書を完成させるための慣行ないし法意識は，あくまでも「印を押す」ということだといわれてしまいました。「直ちにいうことはできない」というのは，要件を満たすものであると判断される場合はなく，むしろ「民法968条1項の要件を満たすものでないと，直ちにいうことができる。」ということのようです。

新型コロナウィルス禍の中で，行政文書の印鑑を不要にするという議論が高まってきており，既に一部の手続においては印鑑不要となっています。文書を完成させるための慣行ないし法意識としての「印を押す」ことについては，今後，変わっていくのではないかと思いますが，それはさておき，本件における遺言者の慣行ないし法意識はどうだったのでしょうか？

事実の概要

遺言者A（以下「A」）は，平成15年5月6日付けで遺言書（以下「本件遺言書」）を作成しました。本件遺言書は，「家督及び財産はXを家督相続人としてa家を継承させる。」という記載を含む全文，上記日付及び氏名をAが自書し，その名下にいわゆる花押を書いたものでした。花押のほかに，印章による押印はありませんでした。

平成15年7月12日に，Aが死亡しました。Aは，相続開始時に物件目録記載の土地（以下「本件土地」，物件目録は省略）を所有していました。

本件の当事者は，被上告人X（Aの二男，以下「X」）と，上告人Y₁（Aの長男，以下「Y₁」）及び上告人Y₂（Aの三男，以下「Y₂」）です。

Xは，本件土地について，主位的に本件遺言書による遺言に

よって A から遺贈を受けたと主張し，予備的に A との間で死因贈与契約を締結したと主張して，Y_1 及び Y_2 に対して，所有権に基づき，所有権移転登記手続を求めていました。

　最高裁判決から拾える事実の概要は以上のとおりなのですが，これだけでは，自筆証書遺言に「印章を押す」ことに代えて「花押を書く」行為をしたことの背景がよくわかりませんね。第一審（那覇地裁平成26年3月27日判決）と原審（福岡高裁那覇支部平成26年10月23日判決）の判決文から，事実の概要を補足してみましょう。

事実の概要（補足）

　第一審に係属した事件は二つありました。一つは，最高裁まで争った所有権移転登記手続請求事件で，他の一つは，A の妻 B（以下「B」）の遺言無効確認事件でした。

　A 及び本件遺言書について補足することとしては，
①　本件遺言書に記載された A は氏名が「a 家十八世二十代家督相続人　A」であったこと，実際，A は，琉球国の三司官（国王及びこれを補佐する摂政の下で実務を処理する最高機関）を多数輩出した名門である a 家の二十代当主だったこと
②　A が死亡した時点での相続人は，B，X，Y_1 及び Y_2 であったが，B は平成24年4月8日に死亡したこと
③　本件土地は，宅地1筆258.96㎡であったこと
です。

　二つめの事件に係る事実としては，
④　平成25年7月29日，那覇家庭裁判所において，B のもの

とされる遺言書が検認されたが，当該遺言書は，平成21年11月25日付けで，「遺言書」と題し，「私の財産は全てＸが相続する事。Y₁Y₂には一切相続させたくありません。」と記載され，作成名義人は「Ｂ」と記載された上，名下に押印がされ，その左端に指印がされていたこと

です。

　二つめの事件については本講では検討しませんが，Ｂの遺言書における「印」について，Ａの場合と比較したくて，上記④の事実を掲げました。

Ｘの主張

　Ｘは，まず，

①　本件遺言書の筆跡が，Ａが記載した他の文書のＡの筆跡と一致していること

②　Y₂が本件遺言書の検認手続において，筆跡がＡのものである旨述べていること

③　第三者が本件遺言書を偽造するならば，偽造者がわざわざ花押を用いたり，「家督相続人」という文言を用いたりすることは不自然であること

を主張しました。

　なぜ，花押を用いたか，という理由について，Ｘは，「Y₂の妻のＣが，Ａの実印と印鑑証明書を無断で持ち出し，他人に渡したため，Ａ名義の土地に抵当権が設定されたことがあり，Ａは，Y₂らを信用していなかったし，だからこそ，冒用が困難な花押を用いた。」と主張しました。

　そして，「民法968条１項が自筆証書遺言に押印を求める趣旨は，

遺言者の同一性及び真意を確保すること及び重要な文書について
は作成者が署名した上でその名下に押印することによるものであ
るが，花押の場合であっても，上記趣旨は担保されている。」と
主張しました。

Y₁及びY₂の主張

　Y₁及びY₂の主張からは，本件遺言書がどのようであったか，
もう少しわかりますので，その部分を引用します。

　　「本件遺言書には，Ａが自筆証書遺言には押印が必要であると知
　りながら花押を用いたり，その文言上財産を全く特定せずに家督相
　続人という文言を用いたり，便箋等ではなく色紙を用いたり，本文
　中の誤記を線で消すのみの雑な書き方をしたりしていることなど，
　Ａが作成したものとしては形式的な面でも不自然な点が存在してい
　る」

　これを読むと，たしかに「花押」だけの問題ではなさそうな気
がしますね。「花押」についての主張は，次のとおりです。

　　「花押は印影と異なり本人のものであるか確認できないことや，
　平成15年当時の一般社会において，花押をもって文書の作成を完結
　させるという慣行ないし法意識は存在しないし，Ａは生前契約書等
　の書類を作成する際には花押ではなく印章を用いており，Ａにおい
　ても当該慣行ないし法意識は存在しなかった」

　どうも，Ａ自身，常日頃，「花押」を用いていたわけでもなさ
そうですね。

下級審の判断

　最高裁の判断と異なり，第一審，原審とも，Ｘの主張を認容し，本件遺言書は有効であると判断しました。第一審判決から「花押」の部分について引用します。

> 「認印による押印の場合よりも花押を用いる場合の方が偽造をするのが困難であるといえ，花押を用いることによって遺言者の同一性及び真意の確保が妨げられるとはいえない。また，花押が文書の作成者・責任者を明らかにするために用いられていた署名や草名が簡略化されたものであり，重要な書面において署名とともに花押を用いることによって，文書の作成の真正を担保する役割を担い，印章としての役割も認められている。そのような花押の一般的な役割に加え，ａ家においても重要な文書において花押が用いられていたことやＡも契約書等の書面においては署名と印章を用いていたものの，色紙への記載に花押を用いるなどしていたこと，本件遺言書に認められるＡの花押の形状等も併せかんがみると，Ａによる花押をもって押印として足りると解したとしても，自筆証書遺言である本件遺言書におけるＡの真意の確保に欠けるとはいえないし，花押が日常的に用いられるものとはいい難いことを考慮しても，前記趣旨に反するものとはいえない。」

この判決をどう読むか

　遺言は最後の意思表示であるから，内容については有効であることを前提に解釈したいという考え方が一方にあり，遺言は要式行為であるから，形式については厳格に判断しようという考え方が他方にあります。この二つの考え方のせめぎ合いの中で，多く

の遺言が揺らいでいる，というのは大げさかもしれませんが，遺言が有効か無効かを判断するのは，なかなか難しい問題です。少なくとも形式面での問題をクリアしようとすると，公正証書遺言がいいよね，ということになりますが，昨今は，公正証書遺言であっても遺言能力が問題になるケースもあります。「あのとき，父は認知症で，公正証書遺言に記載されているような内容をいえるはずがない！」とか，「いや，たまたま意識が正常に戻っているときに公証人に来てもらって作成したんだ！」とか，訴訟の場面での当事者の主張は，さまざまに展開されます。

　慣行だとか法意識だとか言われると，困ってしまいます。個人的には，「印を押さなければならない」という文言から，「花押を書く」という行為を導き出すことは困難な気がします。とはいうものの，「印」は実印すなわち登録印鑑である必要はないのです。私は，昔，女の子の顔の図柄で，口にあたる部分に名前がひらがなで書かれたスタンプ印を持っていたのですが，これも「印」です。100円均一ショップで買った認印だって「印」です。

　遺言は，遺言者にとって重要な文書であるはずですが，「重要な文書については作成者が署名した上その名下に押印することによって文書の作成を完結させるという我が国の慣行ないし法意識に照らして文書の完成を担保することにあると解される」と言われても，その「印」がおもちゃみたいな簡単なものでもいい，となると，どうなのかなぁという気がします。サイン証明みたいなものがあった方がいいような気もします。

　最高裁は，遺言の要式行為性を重視したのだ，ということにしておきましょう。

　現行の民法の条文を掲げておきます。

《民968条》

1　自筆証書によって遺言をするには，遺言者が，その全文，日付及び氏名を自書し，これに印を押さなければならない。

2　前項の規定にかかわらず，自筆証書にこれと一体のものとして相続財産（第997条第1項に規定する場合における同項に規定する権利を含む。）の全部又は一部の目録を添付する場合には，その目録については，自書することを要しない。この場合において，遺言者は，その目録の毎葉（自書によらない記載がその両面にある場合にあっては，その両面）に署名し，印を押さなければならない。

3　自筆証書（前項の目録を含む。）中の加除その他の変更は，遺言者が，その場所を指示し，これを変更した旨を付記して特にこれに署名し，かつ，その変更の場所に印を押さなければ，その効力を生じない。

　いわゆる財産目録の部分は，本人（遺言者）が自書したものでなくてもいい，ということになったのですが，毎葉（各ページ）に署名押印が必要，というのが，何とも面倒くさいと思ってしまうのは，私だけでしょうか。

雑談タイム　9　今の時代にも「花押」が

実は，今の時代にも「花押」は，あったのです！

本書を執筆している頃，日本中で新型コロナウイルスの感染拡大予防対策のため，外出自粛が叫ばれていました。政府の重要な会議もテレビ会議の手法が採られていたのですが，首相と官房長官の机の上には，筆と硯がおかれていました。

映し出された画面を，私は，バッチリ刮目！　しました。

なぜ，筆と硯か？　首相と官房長官は「花押」を書いておられたのです。

首相官邸ホームページ（kantei.go.jpを検索し，サイト内検索で「花押」を探してみてください。「閣議で結論が得られた案件については，各国務大臣が閣議書に署名（花押）をし，意見の一致したことを確認する。」[1]とあります。また歴代首相の花押一覧[2]という情報もあります。

テレワークが進まないのはハンコ社会のせいだ，と声高に言われていた時期に，政府首脳の「花押」って，どうなのでしょう？？？

---

1 ）　首相官邸ホームページ（https://www.kantei.go.jp/jp/seido/seido_2_2.html〔2022年4月12日最終確認〕）。
2 ）　「歴代首相の花押一覧（初代から44代まで）」（https://commons.wikimedia.org/wiki/File:歴代首相の花押一覧_(初代から44代まで).png〔2022年4月12日最終確認〕）。

第15講 「相続させる」旨の遺言により遺産を相続させるものとされた推定相続人が遺言者の死亡以前に死亡した場合における当該遺言の効力

【最高裁平成23年 2 月22日判決】

　前講に続いて，遺言の効力をめぐる判決を学習します。本講で採りあげる事件も，相続税には直接関係しません。相続税の申告を正しく行うために，誰が相続人であるかということや遺言の内容をよく確認する必要がある，ということを学びましょう。

学習のポイント

① 「遺贈する」という文言と，「相続させる」という文言には，どのような違いがあるのか，あるいは，違いがないのか，理解する。

② 遺産を取得する予定であった推定相続人が遺言者より先に死亡している場合において，遺言に効力が生じないとされる理由を理解する。

事実の概要

　最高裁の判決理由の中にも，確定した事実関係の概要が記されていますが，第一審（東京地裁平成20年11月12日判決）及び原審（東京高裁平成21年 4 月15日判決）から，相続関係図を作成し，必要な事実関係を洗い出すことにします。

相続関係図は，下のとおりです。

【相続関係図】

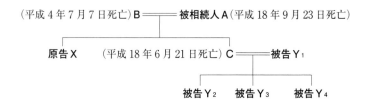

被相続人 A（以下「A」）は，平成 5 年 2 月17日，公正証書遺言を作成（以下「本件遺言書」）していましたが，その内容は，「本件各不動産を含む A の所有又は権利に属する財産の全部を，C に相続させる」というものでした。本件遺言書中の「本件各不動産」とは，財産目録として記載した次表の不動産 1 から 7 を指しています。所有者はいずれも A の亡夫 B（以下「B」）です。

B は平成 4 年 7 月 7 日に死亡していますが，遺産分割協議が調っていませんでした。よって，この時点では，本件各不動産は，A が 2 分の 1，原告 X と C とが各 4 分の 1 の割合で共有されていることになります。

平成18年 6 月21日に，C が死亡しました。このとき，未だ分割されていない B の遺産に対する C の共有持分を，C の配偶者 Y₁，C の子 Y₂，Y₃及び Y₄が承継することになります。

【財産目録】

No.	所　　在	種　類	面積	所有者	備考
1	K市S町48番11	宅地	307.30㎡	B	6・7の敷地
2	K市T町一丁目453番	宅地	36.09㎡	B	8の敷地
3	〃　　　454番	宅地	57.12㎡	B	〃
4	〃　　　455番	宅地	82.64㎡	B	〃
5	〃　　　456番	宅地	74.84㎡	B	〃
6	K市S町48番地11	居宅	延190.41㎡	B	Y_1が居住
7	〃	物置	7.27㎡	B	6の附属建物
8	K市T町一丁目454番地ほか	郵便局	延124.79㎡	Y_1	

　Cの死から間もない平成18年9月23日に，Aが死亡しました。Aの相続人及びその法定相続分は，原告Xが2分の1，Cの代襲相続人であるY_2，Y_3及びY_4が各6分の1となります（以下，相続関係図のとおり，Y_1，Y_2，Y_3及びY_4について「被告Y_1」というように頭に「被告」をつけて表示）。

争　　点

　本件で争われた点は，まず，Aの遺言の趣旨をどのように解するかということ，そして，被告Y_2，被告Y_3及び被告Y_4（以下「被告ら」）の代襲相続権を認めるかどうか，という点です。被告らがAの代襲相続人であることは間違いありませんが，Aの遺言に係る代襲相続権の有無については別問題ですから，注意が必要です。

　原告Xは，Aは本件遺言書において全財産をCに相続させるとしているが，Aの死亡時に，Cは既に死亡していたことから，

この遺言は失効していると主張しました。ここで，原告 X は，主張の根拠として，「相続させる」旨の遺言についての最高裁平成 3 年 4 月19日第二小法廷判決を引用しますが，この最高裁判決（以下「引用最判」）については，あとで述べることにします。

原告 X の主張に対し，被告らは，遺言により遺産を取得するとされた C が，A より先に死亡した場合であっても，遺言の効力は失われることはなく，被告らが代襲相続する，と主張しました。「相続させる」趣旨の遺言を「遺産分割方法を定めた」遺言であると解した引用最判は，特定の遺産を特定の相続人により承継させる旨の遺言について判断したものであり，遺産全部を 1 人の相続人に相続させる旨の遺言については言及していない，というのが主張の根拠です。そして，被告らは，東京高裁平成18年 6 月29日判決を引用しました。この判決についても，のちほど紹介します。

地裁及び高裁の判断

本件は，地裁と高裁とで判断が分かれました。

地裁は，本件遺言書の内容というか，当事者（主として遺言者だと思いますが，本件不動産の利用状況を考えると相続人を含めた当事者かもしれません）の意思を尊重して，A のすべての遺産は C を介して，被告らが代襲相続することを認めました。「本件遺言書について民法994条 1 項の適用はなく，特定の遺産に関する遺産分割方法の指定に関しても代襲相続が準用されると解するのが相当である」と述べています。民994条 1 項は，「遺贈は，遺言者の死亡以前に受遺者が死亡したときは，その効力を生じない。」という規定です。

それに対して，高裁は，ＣがＡよりも先に死亡したことによって，本件遺言書の効力を生じないこととなったのであり，Ａの死亡によって，Ａの有していた本件各不動産の共有持分は，Ａの相続人がその法定相続分によって承継したというべきである，と判断しました。高裁の判断の背景には，「遺言者が，自分の死亡以前に指定に係る相続人が死亡した場合にその代襲相続人にも遺言の効力を及ぼそうと考えるなら，当該遺言において，遺言者の死亡以前に指定に係る相続人が死亡したときは代襲相続人となるべき者に相続させる旨を補充的に記載しておくことで，その趣旨を明らかにすることができる」，あるいはまた，「遺言者は，指定に係る相続人が死亡した後，新たに遺言をすることも可能であり，それにより容易に目的を達することもできる」という考え方がありました。

参考判例の検討

　ここで，引用最判と東京高裁平成18年6月29日判決を確認しておきましょう。

☆引用最判＝最高裁平成3年4月19日判決

　「被相続人の遺産の承継関係に関する遺言については，遺言書において表明されている遺言者の意思を尊重して合理的にその趣旨を解釈すべきものであるところ，遺言者は，各相続人との関係にあっては，その者と各相続人との身分関係及び生活関係，各相続人の現在及び将来の生活状況及び資力その他の経済関係，特定の不動産その他の遺産についての特定の相続人のかかわりあいの関係等各般の事

情を配慮して遺言をするのであるから，遺言書において特定の遺産を特定の相続人に「相続させる」趣旨の遺言者の意思が表明されている場合，当該相続人も当該遺産を他の共同相続人と共にではあるが当然相続する地位にあることにかんがみれば，遺言者の意思は，右の各般の事情を配慮して，当該遺産を当該相続人をして，他の共同相続人と共にではなくして，単独で相続させようとする趣旨のものと解するのが当然の合理的な意思解釈というべきであり，遺言書の記載から，その趣旨が遺贈であることが明らかであるか又は遺贈と解すべき特段の事情がない限り，遺贈と解すべきではない。そして，右の「相続させる」趣旨の遺言，すなわち，特定の遺産を特定の相続人に単独で相続により承継させようとする遺言は，前記の各般の事情を配慮しての被相続人の意思として当然あり得る合理的な遺産の分割の方法を定めるものであって，民法908条において被相続人が遺言で遺産の分割の方法を定めることができるとしているのも，遺産の分割の方法として，このような特定の遺産を特定の相続人に単独で相続により承継させることをも遺言で定めることを可能にするために外ならない。したがって，右の「相続させる」趣旨の遺言は，正に同条にいう遺産の分割の方法を定めた遺言であり，他の共同相続人も右の遺言に拘束され，これと異なる遺産分割の協議，さらには審判もなし得ないのであるから，このような遺言にあっては，遺言者の意思に合致するものとして，遺産の一部である当該遺産を当該相続人に帰属させる遺産の一部の分割がなされたのと同様の遺産の承継関係を生ぜしめるものであり，当該遺言において相続による承継を当該相続人の受諾の意思表示にかからせたなどの特段の事情のない限り，何らの行為を要せずして，被相続人の死亡の時（遺言の効力の生じた時）に直ちに当該遺産が当該相続人に相続により承継されるものと解すべきである。そしてその場合，遺産分割の協議又は審判においては，当該遺産の承継を参酌して残余の遺産の分

割がされることはいうまでもないとしても，当該遺産については，右の協議又は審判を経る余地はないものというべきである。もっとも，そのような場合においても，当該特定の相続人はなお相続の放棄の自由を有するのであるから，その者が所定の相続の放棄をしたときは，さかのぼって当該遺産がその者に相続されなかったことになるのはもちろんであり，また，場合によっては，他の相続人の遺留分減殺請求権の行使を妨げるものではない。」

　この引用最判は，「相続させる」遺言をどのように解するかについて判断したリーディングケースです。重要な点は，特定の遺産について，共同相続人間での共有を排して，特定の相続人に単独で承継させる遺言者の意思が強く表れているのが「相続させる」旨の遺言である，と考える点です。民908条には，「被相続人は，遺言で，遺産の分割の方法を定め〔中略〕ることができる。」と書かれていますが，この「相続させる」旨の遺言こそが，遺産の分割の方法を定めるものだ，といっています。

　ですから，遺言書の記載から，その趣旨が遺贈であることが明らかであるか又は遺贈と解すべき特段の事情がない限り，遺贈と解すべきではない，として，「遺贈」と「相続させる」旨の遺言とを峻別しています。また，「相続させる」旨の遺言においては，相続による承継を当該相続人の受諾の意思表示にかからせたなどの特段の事情のない限り，何らの行為を要せずして，被相続人の死亡の時（遺言の効力の生じた時）に直ちに当該遺産が当該相続人に相続により承継されるものと解すべきだ，としています。ただ，そうはいっても，相続人には相続の放棄の自由があり，また，他の相続人には遺留分減殺請求権（現行の民法では遺留分侵害額の請

求）の行使は否定されるべきでないとしています。

☆東京高裁平成18年6月29日判決

「相続人に対し遺産分割方法の指定がされることによって，当該相続人は，相続の内容として，特定の遺産を取得することができる地位を取得することになり，その効果として被相続人の死亡とともに当該財産を取得することになる。そして，当該相続人が相続開始時に死亡していた時は，その子が代襲相続によりその地位を相続するものというべきである。

すなわち，代襲相続は，被相続人が死亡する前に相続人に死亡や廃除・欠格といった代襲原因が発生した場合，相続における衡平の観点から相続人の有していた相続分と同じ割合の相続分を代襲相続人に取得させるのであり，代襲相続人が取得する相続分は相続人から承継して取得するものではなく，直接被相続人に対する代襲相続人の相続分として取得するものである。そうすると，相続人に対する遺産分割方法の指定による相続がされる場合においても，この指定により同相続人の相続の内容が定められたにすぎず，その相続は法定相続分による相続と性質が異なるものではなく，代襲相続人に相続させるとする規定が適用ないし準用されると解するのが相当である。

これと異なり，被相続人が遺贈をした時は，受遺者の死亡により遺贈の効力が失われるが（民法994条1項），遺贈は，相続人のみならず第三者に対しても行うことができる財産処分であって，その性質から見て，とりわけ受遺者が相続人でない場合は，類型的に被相続人と受遺者との間の特別な関係を基礎とするものと解され，受遺者が被相続人よりも先に死亡したからといって，被相続人がその子に対しても遺贈する趣旨と解することができないものであるから，

遺贈が効力を失うのであり，このようにすることが，被相続人の意思に合致するというべきであるし，相続における衡平を害することもないのである。他方，遺産分割方法の指定は相続であり，相続の法理に従い代襲相続を認めることこそが，代襲相続制度を定めた法の趣旨に沿うものであり，相続人間の衡平を損なうことなく，被相続人の意思にも合致することは，法定相続において代襲相続が行われることからして当然というべきである。遺産分割方法の指定がされた場合を遺贈に準じて扱うべきものではない。」

　判決文の引用が長い上に，この判決に係る事実関係を省略していますから，若干わかりにくいかもしれません。この判決のポイントは，遺贈は第三者に対してもできるが，遺産分割方法の指定，つまり「相続させる」旨の遺言は，相続人に対してしかできないので，被相続人の強い意思を尊重すべきで，遺贈と同様に扱うことはできない，という点です。引用最判では，共同相続人間での共有を排して，特定の相続人に単独で承継させる遺言者の意思が強く表れている，とコメントしましたが，被相続人の強い意思を尊重する立場，という意味では，この判決も引用最判も同じ考え方だ，といえるのではないでしょうか。

☆原告及び被告らの意図するところ
　ところで，原告Ｘが，引用最判を根拠に自己の主張を展開した理由はわかりますか？　引用最判は，「相続させる」旨の遺言は，遺産分割方法を指定したものであって遺贈とは違う，と述べていますから，「遺贈は」の文言で始まる民994条１項の規定は適用されない，といわれてしまい，むしろ原告Ｘには不利になる

おそれがあります。そうではなくて，原告Xは，本件遺言が「全財産を」となっているので，「特定の財産を指定」したことになっていない，ということを主張しているのです。

逆に，被告らは，「全財産を」となっていても，文言の最後が「相続させる」である以上，遺産分割方法が指定されているのだ，と反論すれば足ります。しかし，引用最判では，代襲相続についての言及がないため，下級審判決ではありますが，「相続させる」旨の遺言について代襲相続を認めた東京高裁平成18年6月29日判決を引用して主張の根拠としたものと思われます。

最高裁の判断

最高裁は，まず，遺言者の意思について，次のように述べました。

> 「被相続人の遺産の承継に関する遺言をする者は，一般に，各推定相続人との関係においては，その者と各推定相続人との身分関係及び生活関係，各推定相続人の現在及び将来の生活状況及び資産その他の経済力，特定の不動産その他の遺産についての特定の推定相続人の関わりあいの有無，程度等諸般の事情を考慮して遺言をするものである。このことは，遺産を特定の推定相続人に単独で相続させる旨の遺産分割の方法を指定し，当該遺産が遺言者の死亡の時に直ちに相続により当該推定相続人に承継される効力を有する『相続させる』旨の遺言がされる場合であっても異なるものではなく，このような『相続させる』旨の遺言をした遺言者は，通常，遺言時における特定の推定相続人に当該遺産を取得させる意思を有するにとどまるものと解される。」

この部分は，引用最判の前半部分とほぼほぼ同じですね。平た

くいってしまうと，「相続させる」遺言をした場合は，遺言者と当該推定相続人との強い結びつきが感じられる，それほどに遺言者は当該推定相続人に当該遺産を承継させたいという強い意思を有している，ということですね。この点を突き詰めると，次のような結論が導かれるのは，むしろ当然ではないでしょうか。

> 「したがって，上記のような『相続させる』旨の遺言は，当該遺言により遺産を相続させるものとされた推定相続人が遺言者の死亡以前に死亡した場合には，当該『相続させる』旨の遺言に係る条項と遺言書の他の記載との関係，遺言書作成当時の事情及び遺言者の置かれていた状況などから，遺言者が，上記の場合には，当該推定相続人の代襲者その他の者に遺産を相続させる旨の意思を有していたとみるべき特段の事情のない限り，その効力を生ずることはないと解するのが相当である。」

　ある財産を相続人の一人に単独で承継させたい，と思えば思うほど，その人でなければ，あとはどうでもいい，ということにつながるのです。相続人の相続人（代襲者）に，ということであれば，高裁が述べたように補充遺言をする（はずである）から，その補充遺言がなければ，その人限りでいい，となります。それと，裁判所はやはり，相続人間の衡平ということを重視しているものと解されます。

この判決をどう読むか

　本件における最高裁の判断と，被告らが根拠とした東京高裁平成18年6月29日判決との関係について，どのように考えるか，というか，二つの判決の折り合いをどのようにつけるか，というこ

とは今後の課題かもしれません。最高裁の判断が勝ち，みたいな安易な結論で満足してほしくない，というのが私の個人的見解です。

　私は，高裁が述べた点を心するべきだと思っています。本件では，Cの死亡とAの死亡とが極めて近接していますし，Aの年齢を考えると，新たな遺言をするというのは，かなりハードルが高かったのではないかと思います。しかしながら，補充遺言をしておくことは必要だと思いますし，可能であっただろうと思われます。親子間での逆縁を想定するなんて，という考え方もあるかもしれませんが，若い人は若い人で活動範囲も広く，それなりにリスクを伴っています。ですから，万が一に備える，という点からも，補充遺言は必要でしょう。

　それから，遺留分への目配りも必要です。そういう意味で，「全ての（すべての）」という文言は，遺言を作成するにあたっては，一種の禁句ではないかと思います。

第16講　法人への遺贈に対する遺留分減殺請求について価額弁償した場合の課税関係について

【最高裁平成4年11月16日判決】

　第8講で，限定承認に係る相続については所法59条の適用があることを学習しました。本講では，法人に対する遺贈について所法59条が適用される場面を考えます。

> ## 学習のポイント
> ① 法人に対する遺贈があった場合の所法59条の適用について，理解する。
> ② 遺留分減殺請求（遺留分侵害額の請求）が課税に及ぼす影響について理解する。

　本講で採りあげる事件は，税務署長が昭和60年9月30日付けでした被相続人の昭和58年分の所得税に係る再更正処分の取消しを3名の原告が求めた，というものです。確定申告，更正の請求，更正をすべき理由がない旨の通知，第一次異議申立て，更正処分及び過少申告加算税の賦課決定処分，第二次異議申立て，第一次異議申立て及び第二次異議申立ての併合審理による異議決定，再更正処分と過少申告加算税の賦課決定処分，第三次異議申立て，第三次異議申立てに対する異議決定，審査請求，審査請求についてのあわせ審理による裁決，そして訴訟と，多くの手続及び処分があります。また，土地の評価についても争われています。すべてを整理しながら説明することは，なかなか難しいですから，学習のポイントに掲げた2点に絞って検討します。

事実の概要

　事実の概要は，第一審（東京地裁平成２年２月27日判決）と原審（東京高裁平成３年２月５日判決）の判決に基づいて整理します。

　相続関係ほか登場人物を下図に整理しました。昭和58年５月20日に被相続人Ａ（以下「Ａ」）に係る相続が開始しましたが，同人は，自己が所有する不動産（後掲）を，同人が代表者をしていた有限会社Ｂ（以下「Ｂ」）に対して遺贈（以下「本件遺贈」）しました。本件遺贈により，ＡからＢに不動産の譲渡があったものとして，譲渡所得税の課税関係が発生します。

【相続関係ほか登場人物】

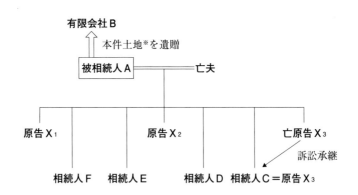

$$
※本件土地 \begin{cases} 土地１：東京都杉並区Ｋ１丁目○番１　畑（現況宅地） \\ 　　　　　　　　　　　　　343㎡（実測340.05㎡） \\ 土地２：　　　　同所　　　○番８　宅地　74.26㎡ \end{cases}
$$

本件土地の地形は，下図のとおりです。

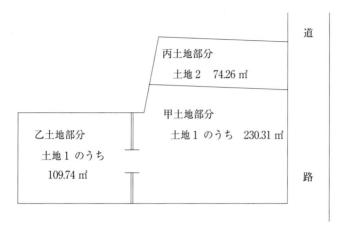

本件土地の利用状況は，次のとおりでした。

〔甲土地部分〕は，Ｂ所有の鉄筋コンクリート造２階建共同
　住宅の敷地

〔乙土地部分〕は，Ｂ所有の木造平家建住宅の敷地

当事者の主張を確認する前に，所法59条１項の規定を再確認し
ましょう。

《所法59条１項》
　次に掲げる事由により居住者の有する山林〔略〕又は譲渡所得の
基因となる資産の移転があった場合には，その者の山林所得の金額，
譲渡所得の金額又は雑所得の金額の計算については，その事由が生
じた時に，その時における価額に相当する金額により，これらの資
産の譲渡があったものとみなす。
　一　贈与（法人に対するものに限る。）又は相続（限定承認に係
　　るものに限る。）若しくは遺贈（法人に対するもの及び個人に
　　対する包括遺贈のうち限定承認に係るものに限る。）

　当事者が争ったのは，「その時における価額」，すなわち本件土地の評価と，処分の名宛人を誰にすべきか，という点です。まず，後者の処分の名宛人について，先にみることにします。被告（税務署長）の主張に対する原告ら（X₁, X₂及びX₃※）の反論を原告らの主張として先に確認します。

　　※　当初の原告X₃は訴訟係属中に死亡し，訴訟上の地位を相続人Cが承継しています。相続人としての立場を鮮明にする際には，亡原告X₃と相続人Cという表示をして区別しますが，訴訟上の原告という立場を示す場合は，単に原告X₃と表示します（251頁参照）。

原告らの主張（１）

　Aは，その所有に係る本件土地を相続人ではないBに遺贈し，残余の遺産全部を相続人C及び相続人Dにのみ相続させる，との遺言をしていました。そこで，原告X₁，亡原告X₃，相続人E及び相続人Fの4人が，Bに対して遺留分減殺請求をしました。

　その結果，原告X₁と亡原告X₃とは，昭和58年12月21日に，価額弁償として各500万円をBから受領しました。相続人Eは，昭和59年5月17日付けの契約に基づいて，同月31日に1000万円，同年9月21日に200万円（計1200万円）をBから受領しました。相続人Fは，昭和59年6月22日に東京家庭裁判所において成立した調停において，価額弁償として1800万円をBから受領することになりました。

　以下，原告らの主張を，判決文から引用します。

「被相続人は，その遺言において，本件遺贈の外，残余の遺産全部を相続人Ｃ及び相続人Ｄの両名にのみ相続させるとしたから，右両名の相続分を各２分の１とする相続分の指定をしたというべきである。しかし，相続人のうち，相続人Ｆ，相続人Ｅ，亡原告X₃及び原告X₁の４名が遺留分減殺請求権を行使した結果，右の指定相続分は遺留分の範囲で減少し，また，相続人のうち原告X₂は被相続人の生前に遺留分を放棄していたので，結局，７名の相続人の相続分は，相続人Ｃと相続人Ｄが各14分の５，相続人Ｆ，相続人Ｅ，亡原告X₃，原告X₁が各14分の１，原告X₂が零となる。

　被相続人の昭和58年分所得税の国税通則法５条による承継割合は，右の相続分によるべきであるから，各７分の１の法定相続分によった本件各更正及び本件各賦課決定は違法である。」

被告の主張（１）

　原告らの主張からも被告側の考え方がわかります。被告は，「原告らの承継すべき納付税額は，国税通則法５条２項により相続分によることになるところ，本件では被相続人の子は７名で原告らの法定相続分は各７分の１であり，相続分の指定はないから，右の法定相続分によるあん分計算をすると……」と主張しました。

　では，被告が，「相続分の指定はない」と言い切った理由はなんでしょう。

　「国税通則法５条の相続分の指定とは，遺言等によって相続人の相続分が一定の割合をもって表示された場合をいうと解すべきであり，特定の財産を特定の相続人に相続させる旨の遺言がされたような場合に，当該特定の財産の価額を評価したうえで，その価額の相続財産全体の価額に対する割合を相続分として，これを相続分の指

定と解することは，課税庁等の財産評価行為によって相続分の指定割合が左右されることになりかねず，同条の予定するところではないというべきである。これを本件についてみると，本件遺言は，本件遺贈の外，杉並区Ｋ１丁目76番の畑を相続人Ｄに相続させ，同所77番の宅地と同所81番３の宅地及びその余の一切の財産を相続人Ｃに相続させるというものであって，遺贈又は遺産分割方法の指定にほかならず，原告３名の主張するように右両名について各２分の１の相続分の指定をしたものとは到底解されないから，原告３名の主張は失当である。」

　遺言の内容は，被告が主張するところのものだったようです。だとすると，どうみても，遺贈又は遺産分割方法の指定であり，相続分の指定とはいい難いですね。

　いよいよ本題です。法人への遺贈に対して遺留分減殺請求権が行使され，そしてその遺留分減殺請求について価額弁償が行われた場合に，譲渡所得の計算に何らかの影響を及ぼすのか検討しましょう。えっ？　本件土地の評価の話ではないの？　と思ったかもしれませんが，たどり着くのはその点です。ただ，本講では土地の評価そのものについては検討しません。

　ここでも，原告らの主張から先にみましょう。

原告らの主張（２）

　原告 X_1，亡原告 X_3，相続人Ｅ及び相続人Ｆが，Ｂに対して遺留分減殺請求権を行使したこと，そして，Ｂの対応については，先に述べました。この点について，原告らは，

　「Ｂは遺留分権利者から遺留分減殺請求を受けて合計4000万円の価額弁償をしたところ，本件遺贈は遺留分減殺請求によって当

該遺留分の限度で効力を失って遺留分権利者が遺留分に相当する本件土地の持分を相続により取得し，Ｂはこれを価額弁償により買い受けたものであり，本件遺贈により被相続人からＢに移転したのは残余の持分にすぎない」と主張しました。

　本件土地については，Ｂが遺贈により取得した部分と，同じくＢが原告X₁ほか３名から買い受けた部分とがある，という主張のようです。では，原告X₁ほか３名は，別途，自らの譲渡所得を申告するのか？　という疑問が生じますが，ここではその点には触れないでおきます。

被告の主張（２）

　そもそも譲渡所得とは何かということと，所法59条１項１号についての被告の主張（聞きなれたあの文言）を確認します。

　　「譲渡所得の基本的な考え方は，当該資産の所有者に帰属する増
　　加益を課税の対象とし，当該資産が所有者の支配を離れる都度それ
　　までに生じた増加益を精算して課税するというものであるところ，
　　所得税法59条１項１号は，前述のとおり，法人に対する資産の遺贈
　　があった場合には，その者の譲渡所得の金額の計算については，そ
　　の事由が生じた時に，その時における価額に相当する金額により当
　　該資産の譲渡があったものとみなす旨規定している。」

　そして，以下，遺留分減殺請求に対して価額弁償をした場合についての主張を引用します。

「本件遺贈に対する遺留分減殺請求について，Bは本件土地の一部を返還することによりこれに応じたわけではなく，価額弁償によってこれを免れたのであるから，結局，本件遺贈により本件土地が被相続人からBに移転した事実に何ら変動はなく，本件遺贈による本件土地に係る被相続人の譲渡所得には影響がないと解すべきである。

　原告3名は，遺留分減殺請求権の行使によって直ちに課税関係に変動を生じるものとしているが，遺留分減殺請求があっても，受遺者は目的物を返還するか，価額弁償によりこれを免れるかを選択することができ，その実行がされるまでは遺留分権利者の権利は具体的には確定しないのであるから，この時点で課税関係に変動を生じたものと考えるのは適当ではない。価額弁償がされた場合にはその時点で遺留分権利者は当該価額弁償金を相続により取得したものとし，これに対し，遺贈の目的物の全部又は一部の返還を受けることになった場合には，当該目的物の全部又は一部について，遺留分権利者が相続により取得したものとする一方，遺贈による譲渡はなかったものとして，所得税法152条，同法施行令274条2号に基づき，被相続人の譲渡所得に対する課税については更正の請求ができるものと解すべきである。」

　被告の主張は，下線を引いた部分で尽くされていると考えますが，敢えて付け加えるとすると，Bは価額弁償によって本件土地の全部を確定的に取得したわけですから，遺贈の目的は被相続人の意思どおりに達成された，ということです。

下級審の判断

　次に裁判所の判断をみていきますが，「その時における価額」，つまり土地の評価について多く述べられています。本講では，遺

留分減殺請求に対して価額弁償をもって応じた場合，法人に対する遺贈に係る譲渡所得の課税に影響があるか否か，という点に重きをおく都合上，土地の評価に係る裁判所の判断についても省略します。

　地裁は，被告の主張を全面的に採用しました。

　「譲渡所得においては，当該資産の所有者に帰属する増加益を課税の対象とし，当該資産が所有者の支配を離れる都度それまでに生じた増加益を精算して課税するというものであるところ，所得税法59条1項1号は，法人に対する資産の遺贈があった場合には，その者の譲渡所得の金額の計算については，その事由が生じた時に，その時における価額に相当する金額により当該資産の譲渡があったものとみなす旨規定しているので，本件では，その遺贈により被相続人からBに対して本件土地の譲渡があったものとして譲渡所得税を課することになる。そして，本件遺贈に対する遺留分減殺請求については，Bは本件土地の一部を返還することによりこれに応じたわけではなく，価額弁償によってこれを免れたのであるから，結局，遺留分減殺請求によっても本件遺贈により本件土地が被相続人からBに譲渡された事実には何ら変動はなく，本件遺贈による本件土地に係る被相続人の譲渡所得には影響がないというべきである。」

　地裁は，上記の部分に続けて原告の主張を採用することができない理由を述べましたが，その部分について，高裁が加筆しましたので，加筆部分を反映させたかたちで以下に引用します。

「原告3名は，遺留分減殺請求権の行使によって直ちに課税関係に変動を生じるものとしている。しかし，遺留分減殺請求があれば，遺留分を侵害する限度において遺贈はその効力を失うものの，受遺者は，現物の返還をするか価額弁償をするかの選択権があり，相当価額の弁償をすることにより，現物返還義務を免れることができる。しかも遺留分減殺請求権を行使するかどうかも遺留分権利者の任意である上，行使の時期も時効によって消滅するまで確定的ではない。のみならず，受遺者が価額弁償を選択した場合，弁償を条件として目的物の所有権が確保できる半面，弁償額は観念的には遺留分相当額であっても，現実に弁償すべき額は当事者双方の合意ないしは訴訟等により定まるのであるから，遺贈の効果の発生と遺留分減殺の具体的効果の発生との間に時間の経過が常に存するところ，後者の効果の発生が，相続を原因としてされた課税処分に相続開始時に遡及して影響するものとすると，課税処分の効力を不安定なものとし，客観的に明確な基準に従って迅速に処理することが要請されている課税事務の円滑な遂行を著しく阻害することになる。価額弁償がされた場合にはその時点で遺留分権利者は当該価額弁償金を相続により取得したものとし，これに対し，遺贈の目的物の全部又は一部の返還を受けることになった場合には，当該目的物の全部又は一部について，遺留分権利者が相続により取得したものとする一方，遺贈による譲渡はなかったものとして，被相続人の譲渡所得税については所得税法152条，同法施行令274条2号に基づき更正の請求ができるものと解すべきである。このように取り扱っても，受贈者の利益を甚しく害するものではないし，法律的効果の変動とも符合し，具体的な利益の実現状況にも即応するものであって，相当というべきである。したがって，原告3名の右主張は採用することができない。」

思わず下線を引いてしまいましたが，高裁は課税事務の円滑な遂行を重視した考え方を明確に示しています。

最高裁の判断

　最高裁は，「原審の適法に確定した事実関係の下において，本件土地の遺贈に対する遺留分減殺請求について，受遺者が価額による弁償を行ったことにより，結局，本件土地が遺贈により被相続人から受遺者に譲渡されたという事実には何ら変動がないこととなり，したがって，右遺留分減殺請求が遺贈による本件土地に係る被相続人の譲渡所得に何ら影響を及ぼさないこととなるとした原審の判断は，正当として是認することができ，原判決に所論の違法はない。」と述べました。

　しかし，裁判官の一人が反対意見を述べ，他の一人が，この反対意見を受けて補足意見を述べました。これらの意見については，**第16講補講2**で紹介します。

この判決をどう読むか

　相続税の案件でありながら，相続税法ではなく所得税法が適用される場面というのは，やはり難しいです。説明を省略してしまいましたが，相続税の射程であれば，「その時における価額」は，基本的に財産評価基本通達にしたがって評価した価額となりますが，所得税の射程となれば，そこは少し異なることになります。

　だから注意が必要です，といつもいってしまうのですが，それよりも，もっと懸念されることがあるのです。オーナー社長という個人が所有する資産を，当該オーナー社長が主宰する法人に遺贈する，ということで，オーナー社長の相続人との間で，ひと悶

着ある（あるかもしれない）ことです。

　現行の民法では，遺留分侵害額の請求という金銭的解決をすることになりましたから，法人の事業用資産そのものが共有となったり，分割されてしまうおそれはなくなったといえるでしょう。しかし，遺留分侵害額として多額の請求を受けることになるような場合には，事業継続が危ぶまれることにもなりかねません。

　遺贈という個人の死亡により効果が生じる法形式ではなく，早い段階から事業承継を進める（考えて実行していく）努力が必要となってくると思われます。

雑談タイム　10　昭和62年分所得税・平成元年12月26日裁決

　旧民〈平30法72前〉における遺留分減殺請求には物権的効力がありました（**第16講補講１**参照）。遺留分減殺請求権を行使すると，遺贈又は贈与の全部又は一部が無効となり，遺贈等の目的財産が受遺者・受贈者と遺留分権利者とで共有になる，という効力です。この効力に着目すると，遺留分権利者が価額弁償金を受け取った場合，一旦，取得した相続財産についての共有持分を価額弁償金で売却したことになるのでは？　という考え方もできそうな気がしませんか？

　この点，国税不服審判所は，次のように述べて処分を取り消しました（裁決事例集第38集27頁参照）。

　　「原処分庁が，請求人が，遺留分の減殺請求を行ったことにより，その効果として本件土地建物の所有権を取得し，その持分を他の相続人と共同してＡ建設に対して譲渡したものであると主張するが，遺留分の減殺請求に対して受遺者が価額弁償を行った場合には，受遺者は減殺の結果生じた現物の返

還義務を免れ，遺留分の減殺請求の目的物に係る受遺者の所有権は遺留分権利者に移転しなかったことになると解されているところ，請求人は本件金員を遺留分の減殺請求による価額弁償として受領したものと認められることから，この点に関する原処分庁の主張は不相当である。

　以上のとおり，本件金員は，遺留分の減殺請求に係る価額弁償として請求人が受領したものであるから，相続により取得したものとして相続税の課税対象となるものであり，原処分庁がこれを譲渡所得に係る総収入金額であるとして請求人に譲渡所得の課税を行ったことは違法であるといわざるを得ず，本件更正はその全部を取り消すのが相当である。」

　価額弁償金について，相続税の課税財産として申告したのであれば，それについて所得税を課税する，というのは，明らかに二重課税であり間違っています。しかしながら，相続税か所得税か，という判断を間違って，相続税の申告がないところに所得税を課税した，というのであれば，法律解釈を間違ったね，ということになります。

　現行の民法では，遺留分制度は，侵害額の請求という金銭的解決が原則となりました。金銭の支払に代えて現物を返還することにすると，その現物が不動産等の譲渡所得の基因となる資産であれば，受遺者又は受贈者は代物弁済をしたことになりますから，譲渡所得の課税関係が生じることになります。

第16講補講1　遺留分減殺請求から遺留分侵害額の請求へ

遺留分制度は，平成30年法律第72号による改正によって，大きく変更されました。ここでは，まず，改正前と改正後の遺留分制度について整理しておきます。

現物返還の原則（物権的効力）

旧民〈平30法72前〉（以下，本講において「旧法」という）においては，遺留分に関する権利を行使すると，当然に物権的効果が生じ，遺贈又は贈与の一部が無効となる，とされていました。「物権的効力」という意味がわかりにくいですね。例を挙げて説明してみます。

【例】　遺言者 Y の遺言の内容が，「すべての財産を相続人 N に遺贈する。」というものであったとします。そして，遺言者 Y には，相続開始時に，土地1筆，建物1棟，現預金1000万円があったとします。債務・葬式費用は無視しましょう。そして，遺言者 Y には，相続人 N（子）のほかに，3人の相続人（子）がいたとします。

遺言者 Y

子N　　子　　子　　子

1000万円

この例では，N 以外の子には遺留分があり，その割合は各8分の1です（民1042条）。3人の子が遺留分に関する権利を行使したとすると，旧法下においては，土地1筆，建物1棟，現預金

1000万円のすべてが共有となります。つまり，相続人Nが遺贈により取得する財産は，土地1筆のうち共有持分8分の5，建物1棟のうち共有持分8分の5，現預金625万円に縮減されるのです。このように，旧法下の遺留分制度は，遺贈の目的物の現物返還を原則としていました。

　現預金はともかくとして，土地1筆と建物1棟が4人の共有になると困る場合もありますよね。仮に，この建物には相続人N及びNの家族が住んでいたとすると，建物に住んでいない人にも所有権があるというのは，あまり気持ちのいいものではありません。もしかしたら，賃料を請求される事態が発生するかもしれません。

価額弁償という例外

　先ほどの例では，居住用不動産について，遺留分減殺請求権が行使されて現物返還することになると……という話でしたが，これが事業用資産であればどうでしょう？　円滑な事業承継に支障をきたすかもしれません。ということで，平成20年10月1日から施行された「中小企業における経営の承継の円滑化に関する法律」では，遺留分に関する民法の特例が規定されています。

　旧法下においても，価額弁償により，返還の義務を免れることができました。条文を確認しておきましょう。

旧民〈平30法72前〉	現行の民法
1031条(遺贈又は贈与の減殺請求) 　遺留分権利者及びその承継人は,遺留分を保全するのに必要な限度で,遺贈及び前条に規定する贈与の減殺を請求することができる。 **1041条(遺留分権利者に対する価額による弁償)** 　受贈者及び受遺者は,減殺を受けるべき限度において,贈与又は遺贈の目的の価額を遺留分権利者に弁償して返還の義務を免れることができる。 2　〔略〕	**1046条(遺留分侵害額の請求)** 　遺留分権利者及びその承継人は,受遺者(特定財産承継遺言により財産を承継し又は相続分の指定を受けた相続人を含む。……)又は受贈者に対し,遺留分侵害額に相当する金銭の支払を請求することができる。 2　遺留分侵害額は,第1042条の規定による遺留分から第1号及び第2号に掲げる額を控除し,これに第3号に掲げる額を加算して算定する。 一　遺留分権利者が受けた遺贈又は第903条第1項に規定する贈与の価額 二　第900条から第902条まで,第903条及び第904条の規定により算定した相続分に応じて遺留分権利者が取得すべき遺産の価額 三　被相続人が相続開始の時において有した債務のうち,第899条の規定により遺留分権利者が承継する債務(次条第3項において「遺留分権利者承継債務」という。)の額

金銭債権化

　民法改正に当たっては,いろいろ議論された結果,「遺留分権利者に遺留分侵害額に相当する価値を返還させることで十分であ

る」[1]ということから，いわゆる「物権から債権へ」という改正
がされました。もう少し丁寧に述べると，「遺留分に関する権利
行使により遺贈又は贈与の一部が当然に無効となり，共有状態が
生ずるという旧法の規律を見直すこととし，遺留分に関する権利
を行使することにより，金銭債権が発生することとした」[2]とい
うことになりました。

　受遺者又は受贈者は，遺贈又は贈与の目的の価額を限度として
（民1047条1項），遺留分侵害額を負担することになっていますが，
金銭を準備することができない場合はどうする？　など，それな
りの問題はあるように思います。ちなみに，受遺者又は受贈者は，
裁判所に申し立てて，遺留分侵害額として請求された金銭の全部
又は一部の支払について，相当の期限を許与してもらうことがで
きます（民1047条5項）。

　雑談タイム10でも述べましたが，金銭の支払に代えて現物を
返還すると，譲渡所得の課税関係が発生する場合があり，これな
どは，民法改正に伴う新たな問題かもしれません。

---

1 ）　堂薗幹一郎・野口宣大編著『一問一答　新しい相続法〔第2版〕』（商事
　法務，2020年）122〜123頁。
　　「明治民法が採用していた家督相続制度の下では，遺留分制度は家産の維
　　持を目的とする制度であり，家督を相続する遺留分権利者に遺贈又は贈与
　　の目的財産の所有権等を帰属させる必要があったため，物権的効果を認め
　　る必要性が高かったが，現在の遺留分制度は，遺留分権利者の生活保障や
　　遺産の形成に貢献した遺留分権利者の潜在的持分の清算等を目的とする制
　　度となっており，その目的を達成するために，必ずしも物権的効果まで認
　　める必要性はなく，遺留分権利者に遺留分侵害額に相当する価値を返還さ
　　せることで十分であるとの指摘がされていた。」
2 ）　前掲注1 ）堂薗・野口編著122頁。

第16講補講2　第16講事件に係る最高裁判決における反対意見と補足意見

　第16講で採りあげた最高裁平成4年11月16日判決において述べられた反対意見と，この反対意見を受けて述べられた補足意見を紹介しておきます。**第16講補講1**で確認したとおり，現行の民法における遺留分制度は，旧法下における遺留分制度を，いわば180度方向転換するものです。したがって，旧法下における本判決について検討することは，あまり意味がないかもしれません。しかしながら，本判決において述べられた反対意見と補足意見には，相続税に関する問題点の指摘と考え方にも言及されています。もう役立たずだから，とスルーするのはもったいない気がします。

味村治裁判官の反対意見

☆遺留分減殺請求と遺贈の効果

> 「遺留分権利者が受遺者に対して減殺請求をすれば，遺贈は遺留分を侵害する限度において失効し，受遺者が取得した権利は右の限度で当然に減殺請求をした遺留分権利者に帰属する〔最高裁昭和50年（オ）第920号同51年8月30日第二小法廷判決・民集30巻7号768頁〕。他方，受遺者は，減殺を受けるべき限度において，遺贈の目的の価額を遺留分権利者に弁償して返還義務を免れることができるが，その効果を生ずるためには，受遺者は遺留分権利者に対し価額の弁償を現実に履行し又は価額の弁償のための弁済の提供をしなければならず〔最高裁昭和53年（オ）第907号同54年7月10日第三小法廷判決・民集33巻5号562頁〕，その価額算定の基準時は，現実に弁償がされる時である（前掲当裁判所昭和51年8月30日第二小法廷判決）。

このように，受遺者が価額弁償をして遺贈の目的の返還義務を免れるには，減殺請求により遺留分権利者に帰属した権利の弁償時における価額を，その者に対し，現実に弁償するか，又は弁償の提供をすることを要するから，右の価額弁償をする場合には，遺贈の目的とされた当該権利は，相続時ではなく，価額弁償が現実に行われ，又はその提供が行われた時点で，遺留分権利者から受遺者に移転するというべきであり，遺贈により被相続人から受遺者に移転するということはできない。」

　最初に下線を引いた「遺留分権利者が受遺者に対して減殺請求をすれば，遺贈は遺留分を侵害する限度において失効」するという点は，旧民〈平30法72前〉における通説です。遺留分減殺請求は，遺留分権利者が遺留分減殺請求の意思表示をしたときに，すべての相続財産が，受遺者・受贈者と遺留分権利者との共有になる物権的効力を有する，という考え方でした（**第16講補講1**参照）。ですから，下の下線部も含めて，この点についての味村裁判官のおっしゃることは，私にはよく理解できます。

☆「対価」と「相続税との関係で問題を生ずる。」

　味村裁判官は，次に，遺留分減殺請求が遺贈による本件土地に係る被相続人の譲渡所得に何ら影響を及ぼさないという点に対する反対意見を，二つの理由を挙げて述べられます。

　一つめは，「所得税法59条1項1号に遺贈が掲げられているのは，遺贈が対価を伴わない資産の移転の事由の一つであるからであり，受遺者が遺贈の目的を取得するには対価の支払いを要する場合には，その取得は，同号の遺贈に当たらないというべきであ

る。」というものです。

　遺贈は，遺言者の単独の意思による自らの財産処分行為ですから，たしかに対価を伴いません。本件では，受贈者であるＢは，遺贈の目的の全部を取得するために，遺留分減殺請求をしてきた４名に対して価額弁償金を支払いました。味村裁判官のおっしゃることは理解できますが，この価額弁償金は「対価」なのでしょうか？

　理由の二つめは，「相続税との関係で問題を生ずる。」というものです。

　　「多数意見のように，本件において，受遺者は遺贈によりその目的を取得するとするならば，減殺請求により遺留分権利者に帰属した権利は，相続時に遡って消滅し，相続時には存在しないといわなければならないが，その結果，相続人として遺留分を有しその権利を行使した者に相続税が課されないという不合理な結果を生ずる。この不合理な結果を避けて，右の権利は遺留分権利者が相続により取得した財産として相続税が課されると解すると，右の権利は，譲渡所得税の関係では相続時に存在しないとされ，相続税の関係では相続時に存在するとされることとなり，論理の一貫性を欠き，税法上，同一の財産が別人によって二重に取得されるという不合理を生ずる。また，遺留分権利者が受遺者から価額弁償として受領した金銭は，減殺請求により遺留分権利者に帰属した権利の対価であるから，多数意見の立場に立ちながら，これを相続税の課税対象とすることについては，右に述べたところと同じ批判が妥当するばかりでなく，そもそも，右の金銭は，相続の時点では被相続人の財産に含まれていないし，その額には相続時から弁償時までの値上がり益も含まれ

> ているから，これを相続税の課税財産とすることができないことは
> 明らかである。」

　ここは，私にはよく理解できません。「受遺者は遺贈によりその目的を取得するとするならば，減殺請求により遺留分権利者に帰属した権利は，相続時に遡って消滅し，相続時には存在しないといわなければならないが，その結果，相続人として遺留分を有しその権利を行使した者に相続税が課されないという不合理な結果を生ずる。」と述べておられますが，相続人として遺留分を有しその権利を行使した者に相続税が課されることになるのでは？と思います。特に理解できないのが，「同一の財産が別人によって二重に取得される」という部分です。

　味村裁判官の反対意見に対して，多数意見の考え方を補足して説明する，ということで，大堀誠一裁判官の補足意見がありますから，それを確認すると，理解できるかもしれません。

大堀誠一裁判官の補足意見

☆遺留分減殺請求と遺贈の効果

> 「遺贈に対する遺留分減殺請求について受遺者が価額による弁償を
> 行う場合，その価額弁償における目的物の価額算定の基準時は，味
> 村裁判官の意見で指摘されているとおり，現実に弁償がされる時と
> 解すべきである。このことからすると，この場合には，法は価額弁
> 償時において遺贈の目的と弁償金とが等価で交換されるということ

を予定しているのであって，遺贈の目的は，相続開始時に被相続人から受遺者に移転するのではなく，価額弁償の時点で遺留分権利者から受遺者に移転するとする考え方にも理由がない訳ではない。しかし，右のような考え方よりも，遺留分の減殺請求がされたことによりいったん失効した遺贈の効果が，価額弁償によって再度相続開始時にまで遡って復活し，遺贈の目的が被相続人から受遺者に直接移転することになるとする考え方の方が，価額弁償の効果について定めた民法1041条1項の規定の文言にも，遺贈の遺言をした被相続人の意思にもよく合致し，また，法律関係を簡明に処理し得るという点でも優れているものといえよう。価額弁償の価額算定の基準時の点については，公平の理念に基づく実質的な配慮から，特に現実の価額弁償時の価額をもって弁償を行わせるべきこととしたものと考えることで足りるものというべきであろう。」

　ここでいう民法1041条1項は，「受贈者及び受遺者は，減殺を受けるべき限度において，贈与又は遺贈の目的の価額を遺留分権利者に弁償して返還の義務を免れることができる。」という規定（現行の民法では削除）です。条文の「免れる」という文言のイメージは，大堀裁判官がおっしゃる「いったん失効した遺贈の効果が，価額弁償によって再度相続開始時にまで遡って復活」という感じに近いかもしれません。

　そして，「価額弁償によって遺贈の効果が再度復活するものと解する以上，この場合の遺贈が所得税法59条1項1号にいう遺贈に該当することは明らかである。」と述べました。

☆「対価」と「相続税との関係」

　「対価」という点については，「価額弁償金の授受は遺留分権利

者と受遺者との間で行われるにすぎず，譲渡所得税の納税義務者
となる被相続人と受遺者との間における遺贈による資産の移転自
体は何ら対価の支払を伴うものではない」と述べました。

　はぁ，なるほど，金銭の授受が誰と誰との間で行われたかをみ
れば，「対価」かどうかを悩まなくても，「無償」であることは明
らかなのですね。

　そして，相続税との関係については，次のように述べました。

　「価額弁償が行われた場合であっても，本件の場合のように法人が
受遺者である場合には，相続税法1条1号の規定により受遺者が相
続税の納税義務を負うことはなく，この遺贈による収益に対しては
法人税が課されることとなる（この場合，法人の支出した右価額弁
償金の額は，法人税の所得計算上その支払の時の損金に算入される
こととなる。）とするものであり，他方，前記のように遺留分減殺請
求の効果が価額弁償によって遡及的に失われることとなる以上，遺
留分権利者たる相続人も，その減殺請求の対象となった相続財産に
ついて相続税の納税義務を負うものではなく，受遺者から取得した
価額弁償金についてのみ，これを相続によって取得したものとして，
相続税の納税義務を負うとするものである。したがって，味村裁判
官の意見がいうように，同一の財産が別人によって二重に取得され
るという事態を生ずるものでないことは明らかである。この場合，
遺贈者である被相続人には，遺贈の目的となった資産について生じ
た譲渡所得に対する課税が行われることとなるが，これは，その時
点までに当該資産について生じていた資産の値上がり益を対象とし
て課税が行われたというにすぎないものであり，遺贈によって資産
を取得した法人に対してその資産取得による収益を対象として法人

税の課税が行われることとの関係で，課税が重複して行われるものでないことはいうまでもない。」

先ほどわからないといった「同一の財産が別人によって二重に取得される」の部分は，そんなことはない，と説明されていて，しかも，「明らか」とまで言われているのですが，依然としてよくわかりません。価額弁償によって，受遺者である法人は，遺言者から遺贈の目的となった資産を相続開始時に遡って取得し，遺留分権利者である相続人は，受遺者から価額弁償金を，いわば代償財産のような感じで受け取るから，誰から何を取得したかをみれば，「同一の財産が別人によって二重に取得される」場合にはあたらない，という意味でしょうか。

というのも，大堀裁判官の説明は，次のフレーズで終わります。

「遺留分権利者が受遺者から受領した価額弁償金が本来被相続人の財産には含まれていなかったことは確かであり，その額には相続時から価額弁償時までの資産の値上がり益も含まれていることにはなるが，相続財産についていわゆる代償分割の方法による遺産分割が行われた場合には，交付を受けた代償財産に対して相続税が課されることとなるものとして扱われているのであり，これと同様に，この価額弁償金について相続税を課することを認めて差し支えないものと考える。」

二つの意見を読んで

　難しいなぁ，という感想しか出てきません。遺留分制度は変わったのだから，もういいや，という気にも正直なれません。むしろ，遺留分侵害については金銭による解決が原則となったからこそ，法人に対する遺贈があり，遺留分侵害額の請求があった場合でも，被相続人に係る所得税法59条１項１号の適用については影響がない，という本判決の結論を理解しておく必要がある，ということだと思います。

第17講　遺留分減殺請求に係る価額弁償金が相続税の課税価格となる場合の計算について
【東京地裁平成27年2月9日判決】

　本講では，遺留分減殺請求訴訟の結果，支払を受けた価額弁償金と相基通11の2−10〈代償財産の価額〉との関係について検討します。平成30年法律第72号による改正で，遺留分減殺請求が遺留分侵害額の請求（民1046条）となり，金銭の支払が原則となりました。よって，現物分割を原則としつつ，価額弁償により返還の義務を免れることができる（旧民〈平30法72前〉1041条）との規律の下で，相続税の課税価格をどうするか，ということが争われた本件は，お蔵入りを免れません。しかしながら，本件において準用された相基通11の2−10は，代償分割における相続税の課税価格を計算する上での基準として存続するわけですから，通達の内容を確認する，という点では参考になるだろうと考え，敢えて採りあげることにしました。

> ### 学習のポイント
> ①　旧民〈平30法72前〉における遺留分減殺請求訴訟の確定により支払われた価額弁償金は，相続税の課税価格において，どのように計算されるべきと判断されたかについて，理解する。
> ②　相基通11の2−10が規定する内容を理解する。

事実の概要

　本件は相続税更正処分取消請求事件ですから，原告は納税者，被告は処分庁なのですが，先に遺留分減殺請求訴訟がありますから，相続関係はシンプルですが，図示して登場人物の名称を統一しておきたいと思います。

【相続関係図】

　原告である三女甲（以下「甲」）と長女乙（以下「乙」）が，相続税の更正処分を受けた者です。彼女たちが長男丁（以下「丁」）を相手取って遺留分減殺請求訴訟を提起しました。遺留分減殺請求訴訟に至る経緯と判決の内容を整理します。

平成10年 4 月20日	丙が公正証書遺言作成 ⇒「丙の所有する財産を全て相続人丁に相続させる」
平成16年 2 月25日	丙の相続開始
平成16年12月16日	甲・乙が丁に対して遺留分減殺請求権を行使する旨の意思表示
平成19年 3 月29日	甲・乙が丁に対して遺留分減殺請求訴訟を提起
（弁論準備手続期日）	丁が甲・乙に対して裁判所が定めた価額による弁償の意思表示
平成22年 9 月13日	判決言い渡し
平成23年 7 月15日	上記判決確定

確定した判決の内容

①　丁は，甲・乙に対しそれぞれ5766万9350円を支払わないとき
は，甲・乙に対しそれぞれ，相続財産である不動産の一部につ
いて，共有持分についての所有権移転登記手続をすること

②　甲・乙それぞれと丁との間で，甲・乙がそれぞれ，上記不動
産の残余について，共有持分を有することを確認すること

③　甲・乙それぞれと丁との間で，甲・乙がそれぞれ，被相続人
丙の有する更新料債権についての準共有持分を有することを確
認すること

④　丁は，甲・乙に対しそれぞれ，不当利得の返還として，450
万1770円及びこれに対する平成22年3月4日から支払済みまで
年5分の割合による遅延損害金を支払うこと

⑤　甲・乙それぞれと丁との間で，甲・乙がそれぞれ，被相続人
丙の有する株式についての準共有持分を有することを確認する
こと

| 平成23年7月11日 | 丁が，上記①の各5766万9350円を供託 |
| 平成23年8月4日 | 丁が，上記④の各450万1770円及び遅延損害金を振込 |

甲・乙は，遺留分に相当する価額弁償金等を取得

　以上が，本件に至る以前の遺留分減殺請求訴訟についての事実
関係です。以下，本件に係る事実関係を整理します。

平成23年12月30日付け	甲・乙が丙に係る相続税の期限後申告書を提出 課税価格　　62,171,000円 　（57,669,350円＋4,501,770円⇒千円未満切捨て） 納付税額　　1,692,600円 　（丙の相続税の総額10,155,900円×1/6⇒百円未満切捨て）
平成24年5月29日付け	税務署長が甲・乙に対して相続税の更正処分 課税価格　　62,171,000円 納付税額　　4,003,600円
平成25年8月29日付け	国税不服審判所長裁決（一部取消し） 課税価格　　43,516,000円 納付税額　　2,802,300円
平成25年8月30日	甲・乙が更正処分取消訴訟提起

金額だけを示してしまいましたので，説明を加えます。

丁の計算に基づく丙に係る相続税の課税価格の合計額は157,707,000円で，相続税の総額は10,155,900円でした。この金額を前提とする甲・乙（以下「原告ら」）の期限後申告における納付税額の計算は，明らかに間違っています。原告らは，自らの遺産取得割合が遺留分と同じ6分の1（法定相続分3分の1×2分の1）であるとして，この割合を相続税の総額に乗じて納付税額を計算しています。

しかしながら，この場合，自らが取得した遺産額が相続税の課税価格の合計額に占める割合（62,171,000円÷157,707,000円＝0.394218……）に相続税の総額10,155,900円を乗じるのが正しい計算方法ですから，納付税額は4,003,600円となり，この金額は税務署長の処分額と一致しています。

ところが，国税不服審判所長は，遺留分減殺請求権が行使され，現物分割に代えて価額弁償金を受領した場合は，代償分割が行わ

れた場合の計算方法を定めた相基通11の2-10ただし書(2)を準用
して計算すべきであるとして，課税価格の調整計算をしました。

〔相基通11の2-10(代償財産の価額)(平19課資2-5改正前のもの)〕

　11の2-9の(1)及び(2)の代償財産の価額は，代償分割の対象とな
った財産を現物で取得した者が他の共同相続人又は包括受遺者に対
して負担した債務（以下「代償債務」という。）の額の相続開始の
時における金額によるものとする。

　ただし，次に掲げる場合に該当するときは，当該代償財産の価額
はそれぞれ次に掲げるところによるものとする。

　(1)　共同相続人及び包括受遺者の全員の協議に基づいて代償財産
　　　の額を次の(2)に掲げる算式に準じて又は合理的と認められる方
　　　法によって計算して申告があった場合　　当該申告があった金
　　　額

　(2)　(1)以外の場合で，代償債務の額が，代償分割の対象となった
　　　財産が特定され，かつ，当該財産の代償分割の時における通常
　　　の取引価額を基として決定されているとき　　次の算式により
　　　計算した金額

　　　　A×C／B

　　　　(注)　算式中の符号は，次のとおりである。

　　　　　　　Aは，代償債務の額

　　　　　　　Bは，代償債務の額の決定の基となった代償分割の対象
　　　　　　となった財産の代償分割の時における価額

　　　　　　　Cは，代償分割の対象となった財産の相続開始の時にお
　　　　　　ける価額(昭和39年4月25日付直資56ほか一課共同「財産
　　　　　　評価基本通達」……の定めにより評価した価額をいう。)

判　旨

　ここでは，相基通11の2-10の準用についての裁判所の判断を紹介します。少し長くなりますから，小分けにして読んでいくことにしましょう。

☆判旨その1

> 　「民法896条は，相続人は，相続開始の時から，被相続人の財産に属した一切の権利義務を承継する旨を定め，相続税法11条（ママ）は，当該相続により取得した財産の価額をもって相続税の課税価格とする旨を定め，同法22条は，特別の定めのあるものを除くほか，相続により取得した財産の価額は，当該財産の取得の時における時価による旨を定める。」

　相続税の課税価格の規定は，正しくは相法11条の2です。ここの部分は特に難しいところはありません。

☆判旨その2

> 　「代償分割とは，共同相続人の一人又は数人に他の共同相続人に対する債務を負担させて，現物の分割に代える旨の遺産の分割の方法をいうところ（家事事件手続法195条参照），代償分割時における代償財産の価額と，その分割が効力を生ずるとされる相続開始の時における当該代償財産の価額とが異なる可能性があることから，当該代償財産の価額を相続開始の時の時価に修正する必要がある。」

　まず，代償分割について説明されています。民法は，現物分割

を原則としていますが，その方法によることが難しいなどの場合は，代償分割や換価分割の方法があります（**第9講**参照）。

　次のところに，価額の乖離という重要な点が出てきます。その前に，遺産分割の効力は，相続開始の時に遡って生じる（民909条）ことを再確認しておきましょう。

《民909条》

　遺産の分割は，相続開始の時にさかのぼってその効力を生ずる。ただし，第三者の権利を害することはできない。

　相続税の申告は相続開始の時から10カ月以内にしなければいけませんから，遺産分割協議もできるだけ，その期間内に終えたいというのが普通の感覚だろうと思います。しかしながら，民法は，いつまでに遺産分割をしなければいけない，という規定をおいていません。それどころか，被相続人は遺言によって，相続開始の時から5年を超えない期間を定めて遺産の分割を禁ずることも許されています（民908条）。遺産分割が禁じられている場合を除くとしても，遺産分割協議が難航することは少なくなく，遺産分割は，遺産分割の時における財産の価額で協議を調えるわけですから，相続開始の時の価額と差が生じることは十分にあり得ることです。

　裁判所は，「代償財産の価額を相続開始の時の時価に修正する必要がある。」といいましたが，これはあくまでも代償分割の場合のことです。本件は，遺留分減殺請求訴訟における価額弁償金ですから，代償分割とは事情が異なります。価額弁償の規定を確認したのち，裁判所の判断をみましょう。

《旧民〈平30法72前〉1041条1項》

　受贈者及び受遺者は，減殺を受けるべき限度において，贈与又は
遺贈の目的の価額を遺留分権利者に弁償して返還の義務を免れるこ
とができる。

☆判旨その3

　「ところで，民法1041条所定の価額弁償金の価額の算定の基準時
は，事実審の口頭弁論終結の時であると解されること〔最高裁昭和
50年（オ）第920号同51年8月30日第二小法廷判決・民集30巻7号
768頁〕からすると，遺留分権利者が取得する価額弁償金を相続税の
課税価格に算入するときは，上記に述べたところと同様に，価額弁
償金の額についての相続開始の時における金額を計算する必要があ
るものと解される。このことに加え，同法1041条所定の価額弁償金
の額は，贈与又は遺贈の目的の価額を基に定められるものであるこ
と及び相基通11の2-10ただし書の(2)の定めの内容からすると，上
記の計算は，相基通11の2-10ただし書の(2)の定めに準じて行うこ
とが合理的であると考えられる。」

　価額弁償金の価額は事実審の口頭弁論終結時を基準時として算
定されますが，相続税は相続開始時の時価を課税価格として計算
しますから，価額が異なる可能性があり修正が必要だ，となりま
す。とはいうものの，修正の方法は相基通11の2-10ただし書の
(2)，つまり通達でよいのでしょうか？　実は，判旨その2と判旨
その3の間には，次のような判断が示されています。

☆判旨その２の２（判旨２と判旨３との間）

> 「相基通１の３・１の４共－８は，相続による財産取得の時期について，原則として相続開始の時によるものと定め，相基通11の２－10は，本文において，代償財産の価額は，代償分割の対象となった財産を現物で取得した者が他の共同相続人又は包括受遺者に対して負担した債務の額の相続開始の時における金額によるものと定め，ただし書の(2)において，代償債務の額が，代償分割の対象となった財産の代償分割の時における価額を基として決定されているときに，代償債務の額の相続開始の時における金額を計算する方法について定めているものと解され，かかる計算方法には相当の合理性があるものというべきである。」

　相基通11の２－10は，読み方がそれなりに難しいのですが，大雑把に言ってしまいますと，①共同相続人及び包括受遺者全員が相基通11の２－10のただし書の(2)の計算式によって代償債務の額を計算することを協議して申告する場合，②代償分割の対象となった財産が特定され，かつ，代償分割の時における通常の取引価額を基に代償債務の額が決定されている場合，の二つの場合に，相基通11の２－10のただし書の(2)の計算式を用いることができる，と規定しているのです。そして，そのことについて，裁判所は「相当の合理性がある」と述べたのです。

　遺留分減殺請求に係る価額弁償金の場合は，相基通11の２－10のただし書の(2)の計算式中，「代償債務」とある部分を「価額弁償金」と読み替えることになります。

　本件において，原告らは価額弁償金で受領した金額（5766万9350円）をもって相続税の課税価格に算入したわけですが，相基

通11の2-10のただし書の(2)により修正すると，相続税の課税価格に算入すべき金額は，3901万4283円となりました。国税不服審判所がきちんと計算して，処分の一部を取り消してくれていたわけです。

この判決をどう読むか

☆相基通11の2-10ただし書(2)の射程

　第13講補講1をはじめ，ここまで何度か，遺留分について述べてきました。平成30年法律第72号により，遺留分に関する権利が金銭債権化された今，「価額弁償金」という考え方がなくなりましたから，相基通11の2-10のただし書の(2)を準用する場面もなくなりました。代償分割の場合には，この通達の存在を思い出してください。

☆遺留分侵害額請求権

《民1048条》

　遺留分侵害額の請求権は，遺留分権利者が，相続の開始及び遺留分を侵害する贈与又は遺贈があったことを知った時から1年間行使しないときは，時効によって消滅する。相続開始の時から10年を経過したときも，同様とする。

　民1048条は，旧民〈平30法72前〉1042条の文言を改正しただけですから，「遺留分に関する権利を行使します」との意思表示さえすればいいのであって，具体的にいくら請求するという意思表示までは従前と同じく必要ありません。ということは，具体的な金額が算定されるまでに時間がかかることもあるかもしれません

が，その時間は若干という程度ではないでしょうか。むしろ，今後は，遺留分権利者が権利行使する際に，併せて具体的な金額を示して金銭の支払を求める，というケースが増えるような気がします。注意しなければいけないのは，具体的な金額を示して権利行使された場合，受贈者は，この時点から履行遅滞に陥り（民412条3項），遅延損害金が発生する，という点です。

☆受遺者又は受贈者の負担

　受遺者又は受贈者は，遺留分権利者に対し，侵害額相当の金銭を支払うことが原則になりましたが，受遺者又は受贈者が直ちに金銭を準備できない場合もあり得ます。受遺者又は受贈者は，裁判所に請求することにより，負担する債務の全部又は一部の支払につき相当の期限を許与してもらう（民1047条5項）ことができます。

　民法は，当事者が合意すれば，金銭の支払に代えて現物の資産で弁済することも認めています。「金銭の支払に代えて現物の資産で弁済」すると，代物弁済となり，受遺者又は受贈者に譲渡所得の課税関係が生ずる場合があることは，**第16講**の雑談タイム**10**で述べました。旧民法下における遺留分減殺請求であれば，相続税の課税関係の中で完結できたものが，相続税だけでなく所得税にも課税関係が及ぶ，ということになります。少し理不尽な気がするかもしれませんが，ここは割り切らざるを得ません。

第18講　相続人間の別件訴訟の和解を前提とする相続税の更正の請求の可否

【前橋地裁平成15年9月19日判決】

　相続税法には，相続税特有の事由に基づく当初申告の是正の方法が定められています。本講では，是正の方法の一つである「更正の請求」（相法32条）について争われた事件を採りあげます。

学習のポイント
　相法32条（とりわけ1項1号及び同3号）の要件を理解する。

　はじめに，本件相続開始時の相法32条の規定を掲げておきます。

《相法32条（更正の請求の特則）》

　相続税又は贈与税について申告書を提出した者又は決定を受けた者は，左の各号の一に該当する事由に因り当該申告又は決定に係る課税価格及び相続税額又は贈与税額（当該申告書を提出して後又は当該決定を受けた後修正申告書の提出又は国税通則法第24条若しくは第26条の規定による更正（以下「更正」という。）があった場合には，当該修正申告又は更正に係る課税価格及び相続税額又は贈与税額）が過大となったときは，当該各号に規定する事由が生じたことを知った日の翌日から4月以内に限り，納税地の所轄税務署長に対し，その課税価格及び相続税額又は贈与税額につき同法第23条第1項の規定による更正の請求をすることができる。

一　第55条の規定により分割されていない財産について民法の規定による相続分又は包括遺贈の割合に従って課税価格が計算されていた場合において，その後当該財産の分割が行われ，共同相続人又は包括受遺者が当該分割に因り取得した財産に係る課税価格が

当該相続分又は包括遺贈の割合に従って計算された課税価格と異なることとなったこと。

二　民法第787条又は第892条から第894条までの規定による認知，相続人の廃除又はその取消しに関する裁判の確定，同法第884条に規定する相続の回復，同法第919条第2項の規定による相続の放棄の取消しその他の事由により相続人に異動を生じたこと。

三　遺留分による減殺の請求があったこと。

四　遺贈に係る遺言書が発見され，又は遺贈の放棄があったこと。

五　第3条の2に規定する事由が生じたこと。

六　第19条の2第2項ただし書の規定に該当したことにより，同項の分割が行われた時以後において同条第1項の規定を適用して計算した相続税額がその時前において同項の規定を適用して計算した相続税額と異なることとなったこと（第1号に該当する場合を除く。）。

七　贈与税の課税価格計算の基礎に算入した財産のうちに第21条の2第4項の規定に該当するものがあったこと。

事実の概要

　相続関係図は下図のとおりです。

【相続関係図】

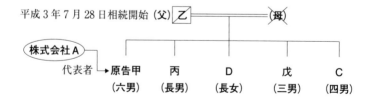

平成3年7月28日相続開始　(父) 乙 ―――――― (母)

株式会社A

代表者 →原告甲　　丙　　　　D　　　　戊　　　　C
（六男）　（長男）　　（長女）　　（三男）　　（四男）

以下，時系列で事実関係を整理します。

①	平成 4 年 1 月28日	原告甲（以下「甲」）が，乙に係る相続税の申告書を提出 乙の相続財産（以下「本件遺産」）が未分割 ↓　相法55条に基づき 課税価格　9380万4000円 納付税額　2481万1800円　と記載
②	年　月　日　不　明	所得税移転登記手続請求訴訟の提起 原告：株式会社 A（代表者甲，以下「A」） 被告：甲を除く乙の相続人 4 名 相続人丙が公正証書遺言（以下「本件遺言」）を提出
③	平成 4 年 7 月10日	甲が，丙に対し，遺留分減殺請求
④	平成 6 年 2 月18日 年　月　日　不　明	②訴訟につき，A 敗訴⇒A 控訴⇒A 上告 A の上告棄却＝敗訴確定
⑤	平成 7 年 7 月28日	甲が，遺留分減殺請求調停を申立て
⑥	平成 8 年 5 月××日	丙ほか 3 名が，甲を相手方として，預託金返還請求訴訟及び不当利得返還請求訴訟（以下，両訴訟を併せて「別件訴訟」）を提起
⑦	平成 8 年 6 月17日付け	甲が調停取下書を提出
⑧	平成12年 6 月22日	別件訴訟に係る和解（以下「本件和解」）が成立

上記⑧の和解における和解条項の内容は，概ね以下のとおりです。

1①　甲は，丙に対し，乙が甲に預託した2928万5000円を丙に返還すべき義務があることを認める。

②　甲は，丙に対し，甲が丙に代わって取得した賃貸建物の賃料4558万8000円のうち1571万5000円を丙に返還すべき義

務があることを認める。

2　甲は，丙に対し，上記①②の金員の合計4500万円を平成12年9月30日限り，B銀行高崎支店の「丁法律事務所丁」名義の普通預金口座に振り込む方法により支払う。

3〜6　略

7　丙及び甲は，丙と甲との間には，本件に関し，この和解条項に定めるもののほか何らの債権債務がないことを相互に確認する。

なお，墓地等の乙の祭祀承継の問題については別途解決するものとする。

8　略

⑨	平成12年10月20日	甲（以下「原告」）が更正の請求 　　↓　相法32条に基づき 　　課税価格　5976万8862円 　　納付税額　1575万5400円
⑩	平成13年6月14日	被告（沼田税務署長）が更正をすべき理由がない旨の処分（以下「本件処分」）

原告の主張

原告は，本件和解が成立したことをもって，相法32条に規定する事由が生じたとして，自らの更正の請求には理由があると主張しています。

主張の第一は，本件和解は，「本件遺産の範囲や債務の額を確定し，遺留分減殺請求の額を確定させたものである。」という点です。原告は，和解条項1項が本件遺産である預貯金及び賃料の返還義務を規定すること，和解条項7項が，本件遺産の範囲を確

定させ，遺留分減殺請求の紛争を解決し遺産分減殺請求の額を確定させたものであると主張します。

　預託金や賃料が本件遺産であることは想像に難くありませんが，判決文に示されている事実関係からだけでは，よくわかりません。が，そこはさておいて，原告は，「乙が死亡したのは平成3年7月28日であり，別件訴訟においては，原告が乙の生前の平成2年12月16日から平成3年7月30日までの間に乙の預り金等から支払った1953万9051円について，その支払の妥当性が争いになっていたところ，別件訴訟の当事者である原告と丙が乙の遺産を探り合い，ほかにも遺産があるのではないかと疑念を抱いたからこそ，本件和解の和解条項第7項には，『本件における主張や証拠に現れた金員の収支』と記載したのである。」と述べ，「したがって，本件和解におけるこれらの清算条項により，本件遺産が確定したことになる。」と主張しました。

　また原告は，「本件和解の和解条項第7項には，『なお，乙の祭祀承継の問題については，別途解決するものとする。』と記載されている。この記載は，別件訴訟において本件遺産の範囲について争われ協議がなされたからこそ，本件和解の清算条項の効力が乙の墓地の問題にまで及ぶのを防ぐため記載されたためである。」とも述べています。

　主張の第二は，相続税の当初申告，つまり本件遺産は未分割であるとして相法55条に基づいて行った申告についてです。以下に引用します。

「本件では，原告が，丙が本件遺産をほとんどすべて取得するという内容になっている本件遺言の存在を知らなかったため，法55条により本件遺産の未分割を前提に相続税の申告をした。しかし，原告は，その後，本件遺言の存在を知ったため，丙に対し遺留分減殺請求権を行使した。

そして，遺産の範囲及びその金額が争われている場合には，遺留分減殺請求権を行使しただけでは遺留分の金額が確定するものではなく，当事者間で合意が成立するか又は判決が確定して初めて更正の請求が可能となる。

本件では，法32条所定の『遺留分による減殺の請求があった後，当該相続分に従って計算された課税価格と異なることとなったこと』という要件は，本件和解が成立して初めて確定したことになる。すなわち，別件訴訟の終結により本件遺産をめぐる争いが終了し，原告が当初申告した相続税額が過大であることが確定したのである。

遺産未分割を前提に計算した課税金額より遺言書記載の不動産を取得した場合の相続税額が少ないことがおおむね予測できたとしても，最終的な取得金額が確定しなければ遺留分の額も確定しない。原告は，調停や別件訴訟において，ほかにも乙の遺産があるのではないかと考え，乙の遺産を明らかにしようとしていたのである。」

一見，原告の主張にももっともと思える部分があるような感じがしますが，遺言書の存在を知り，かつ，遺言書には原告が不動産を取得する旨が記載されていたとすると，原告の相続税の当初申告の是正の仕方は，適切なものだったといえるのでしょうか？

判　　旨

裁判所は，まず，原告に相法32条１号所定の更正事由があるかについて，「法32条１号所定の更正事由があることを理由に申告

に係る課税価格及び相続税額の更正が認められるためには，相続の対象となった未分割の財産について，相続税の申告書の提出後に分割が行われたことを要するものと解される。」と述べました。

　本件において分割協議があったといえるかどうか，続けて確認しましょう。

　　「ところで，本件遺言は，別紙のとおり，遺産を五つのグループに分け，乙の相続人である5人の子にそれぞれのグループの遺産を『相続させる』趣旨の遺言である。

　　そして，特定の遺産を特定の相続人に『相続させる』趣旨の遺言は，遺言書の記載から，その趣旨が遺贈であることが明らかであるか又は遺贈と解すべき特段の事情のない限り，当該遺産を当該相続人をして単独で相続させる遺産分割の方法が指定されたものと解すべきであり，また，当該遺言において相続による承継を当該相続人の受諾の意思表示にかからせたなどの特段の事情のない限り，何らの行為を要せずして，当該遺産は，被相続人の死亡の時に直ちに当該相続人に相続により承継されることになる（最高裁判所平成元年（オ）第174号同3年4月19日第二小法廷判決・民集45巻4号477頁参照）ところ，本件遺言には上記各特段の事情はいずれも認められない。」

　本件遺言は，相続させる趣旨の遺言だったのですね。ということは，結論が見えてしまいました。念のため，確認しておきましょう。

「したがって，本件では，本件遺言により乙の遺産について乙の死亡の時に直ちに分割の効果が発生し，遺留分減殺の問題が残ることはあるにしても，もはや乙の遺産について再度の分割がなされる余地はなくなったものといえる。

そのため，原告が本件遺言の存在を知った日の翌日から4月以内に法32条所定の更正事由があるとして更正の請求をすることができたかどうかはともかくとして，本件和解によって乙の遺産の分割がなされたということができないことは明らかであるから，本件和解を前提に法32条1号所定の更正事由がある旨主張する原告の主張は，その前提を欠き理由がない。」

ですよね。裁判所は，原告に相法32条3号所定の更正の事由があるかについても，次のように判断しています。

「法32条3号は，遺留分による減殺の請求があったことにより当初の申告に係る課税価格及び相続税額が過大となった場合に，その更正の請求をすることを認めるものである。したがって，上記の『遺留分による減殺の請求があったこと』とは，相続税の申告者に対して，申告に係る課税価格及び相続税額が過大となる結果をもたらす遺留分による減殺の請求がなされたことを指すものと解され，申告に係る課税価格及び相続税額が過大となる結果をもたらす余地のない申告者が自ら遺留分による減殺の請求をしたことは含まれないものと解するのが相当である。

本件では，原告は，自らが丙に対して遺留分による減殺の請求をしたことを理由に法32条3号所定の更正事由があると主張しているところ，上記のとおり，このような事由は法32条3号所定の更正事由に該当しないものというべきであるから原告の上記主張は主張自

　要するに，相法32条３号に基づく更正の請求は，遺留分減殺請求があった場合に，取得した遺産を現物で返還するなり，価額弁償することによって，当初申告に係る課税価格や相続税額が減額になる人，つまり遺留分減殺請求を受けた人，もっと言えば遺留分を侵害した人がする手続であって，原告のように，自ら遺留分減殺請求を申し立てて，あわよくば遺産の一部の現物返還を，あるいはまた価額弁償を受けることを求める人は，（仮に当初申告に係る課税価格や相続税額が過大となる結果となったとしても）更正の請求を申し立てることはできない，ということです。あなたの言い分は厚かましい，と言われているようなものですね。

この判決をどう読むか

　ここでは，本件において裁判所が示した判断のうち，留保された部分，すなわち，「原告が本件遺言の存在を知った日の翌日から４月以内に法32条所定の更正事由があるとして更正の請求をすることができたかどうかはともかくとして」という部分について，考えてみたいと思います。

　本件に係る相続開始日は平成３年７月28日でした。当時の相法32条第４号に，「遺贈に係る遺言書が発見され，又は遺贈の放棄があったこと。」という規定がありました。現行法１項４号にも同じ規定があります。

　本件において，原告が存在を知った遺言は，結果的には「相続させる旨」の遺言，すなわち，遺贈に係る遺言ではなく，遺産分

割の方法を定める遺言であったわけですが，少なくとも，原告本人にとっては，「遺言」であることに違いはなかったのではないでしょうか。そういう意味では，「原告が本件遺言の存在を知った日の翌日から4月以内に法32条所定の更正事由があるとして更正の請求をすることができた」可能性を全面的に否定することはできないような気がします。

　もちろん，審理の過程で，この遺言は「遺贈」に係るものではないと判断されて，更正をするべき理由がないという結論は動かなかっただろうと推測されます。結果が同じなら，「することができた」と考えることは意味がない，とみなさんは考えますか。

　平成30年法律第72号による民法改正を受けて，相法32条1項3号も次のように文言が修正されました。ここで記載を省略した他の条項についても，本件相続開始当時の規定と異なっているものがありますので，確認しておいてください。

《相法32条（更正の請求の特則)》

　相続税又は贈与税について申告書を提出した者又は決定を受けた者は，次の各号のいずれかに該当する事由により当該申告又は決定に係る課税価格及び相続税額又は贈与税額（当該申告書を提出した後又は当該決定を受けた後修正申告書の提出又は更正があった場合には，当該修正申告又は更正に係る課税価格又は相続税額又は贈与税額）が過大となったときは，当該各号に規定する事由が生じたことを知った日の翌日から４月以内に限り，納税地の所轄税務署長に対し，その課税価格及び相続税額又は贈与税額につき更正の請求（国税通則法第23条第１項〈更正の請求〉の規定による更正の請求をいう。第33条の２において同じ。）をすることができる。

　一　第55条の規定により分割されていない財産について民法（第904条の２（寄与分）を除く。）の規定による相続分又は包括遺贈の割合に従って課税価格が計算されていた場合において，その後当該財産の分割が行われ，共同相続人又は包括受遺者が当該分割により取得した財産に係る課税価格が当該相続分又は包括遺贈の割合に従って計算された課税価格と異なることとなったこと。

　二　〔略〕

　三　遺留分侵害額の請求に基づき支払うべき金銭の額が確定したこと。

　四　遺贈に係る遺言書が発見され，又は遺贈の放棄があったこと。

　五～十〔略〕

２　〔略〕

おわりに

　すべての講を書き上げて，ダラダラと引用したところが多いなぁ，重複する部分も少なくないなぁ，と感じましたが，本書は，相続税法を体系的に解説するものでもなければ，ましてや民法について解説するものではありません。そういう意味では「よくわかる」相続税法にもなっていません。この6年間，院生のみなさんと学んできたことを，一旦，整理するつもりでまとめました。引用が長いところは，中途半端な引用で誤解を招きたくないと考えた結果だと，何度も出てくるところは，それなりに重要なところだと，そんなふうに考えていただけたら幸いです。

　院生のなかには，税理士を目指している方もおられます。将来，相続税実務に携わる方もおられるでしょう。本書は，相続税実務という点からも少し離れているものです。たとえば，財産評価については，ほとんど全く触れていません。敢えて触れなかったという方が私の意図に合致しているかもしれません。財産評価については，財産評価基本通達をはじめ，細かい基準が定められていますが，私が最も大切にしていることは「現物を確認する」ということです。現物を目にすることなく，判決文の中に登場する財産を想像しながら，価額あるいは金額という単なる数値を論じることに，あまり意味を見いだせないのです。

　実務は実務の中で研鑽を積んでいくべきだろうと思います。ただ，相続税法には民法の常識ありきで規定されている部分が少なくありませんから，迷ったときに本書にヒントがないか，探していただけたら嬉しいです。

ある院生が，「相続税法は，他の税法と違って身近だと思った。」と授業の感想を述べてくれました。会社に勤めたこともなければ，会社を経営したこともなく，消費税は負担していても課税事業者でない院生にとって，家族の問題を含む相続税法は，ある意味で身近なものだと思いますし，また，そうであってほしいと思います。

　新型コロナウイルスの影響下で，大切な人との別れがままならない場合があることは，とても悲しいことです。相続は人の死で始まります。人の死で始まる相続が，巷で耳にする「争族」にならないように，何が大切かを考え続けていきたいと思います。

　最後になりましたが，監修の三木義一先生にはもちろんのこと，何度も校正の手を煩わせた有斐閣の一村大輔様には心より御礼申し上げます。

　2022年6月

　　　　　　　　　　　　　　　　　鹿田　良美

事 項 索 引

監修者・著者

三木 義一（みき よしかず）

青山学院大学前学長，法学博士（一橋大学），弁護士
1973年　中央大学法学部卒業
1975年　一橋大学大学院法学研究科修士課程修了
主要著作
『よくわかる税法入門（第16版）』（編著，有斐閣，2022年），『新実
務家のための税務相談（民法編）（会社法編）（第2版）』（いずれも
監修，有斐閣，2020年），『日本の税金（第3版）』（岩波新書，2018
年），『日本の納税者』（岩波新書，2015年），『よくわかる法人税法
入門（第2版）』（編著，有斐閣，2015年）他多数

鹿 田 良 美（しかた よしみ）

税理士（近畿税理士会北支部所属）
大阪市生まれ。1983年立命館大学法学部法学科卒業。1984年大阪国
税局（国税専門官14期）採用。1991年大阪国税局課税第一部国税訟
務官室を最後に退職。1998年立命館大学大学院法学研究科博士課程
前期課程修了。2000年立命館大学大学院経営学研究科博士課程前期
課程修了。2000年税理士登録。2002年鹿田良美税理士事務所開設。
2016年より立命館大学大学院法学研究科において相続税法を担当
主要著作
『税法の中の「民法」を探る税理士・春香の民法講座（新版）』（共著，
清文社，2019年），『高齢社会の税務』（共著，税務研究会，2014年），
『現代税法と納税者の権利——三木義一先生古稀記念論文集』（分担
執筆，法律文化社，2020年）

判例から読み解く
よくわかる相続税法　　　　　　　〈有斐閣選書〉
Easy to Comprehend to Inheritance Tax Law

2022年8月20日　初版第1刷発行

監 修 者	三 木 義 一
著 者	鹿 田 良 美
発 行 者	江 草 貞 治
発 行 所	株式会社 有 斐 閣

郵便番号　101-0051
東京都千代田区神田神保町2-17
http://www.yuhikaku.co.jp/

印刷・萩原印刷株式会社／製本・大口製本印刷株式会社

ISBN 978-4-641-28151-6